¡Dale al DELE!
A1
Nuevos modelos de examen

Dirección editorial: enClave-ELE

Autor: Ernesto Puertas Moya

Revisión de contenidos: Ana Higueras

Maquetación: Diseño y Control Gráfico, Malena Castro

Cubierta: Malena Castro

Estudio de grabación: Voces de cine

Fotografías: © Shutterstock; pág. 19: Matthi/Shutterstock.com; http://romera.blogspot.com.es/2009_12_01_archive.html; http://www.uax.es/uax/que-estudiar/grado/lapl/gti0.html; pág. 64: Tupungato/Shutterstock.com; pág. 82: pio3/Shutterstock.com; pág. 89: Tupungato/Shutterstock.com; pág. 90: Samuel Mederos Medina/Shutterstock.com; pág. 100: Melanie Lemahieu/Shutterstock.com; pág. 124: http://www.salir.com/pelicula/volver; pág. 145: Igor Bulgarin/Shutterstock.com; Adriano Castelli/Shutterstock.com; Natursports/Shutterstock.com; pág. 164: © Finca Casa Nueva; pág. 162: http://www.diariodenavarra.es/noticias/mas_actualidad/cultura/2012/12/20/la_intriga_llega_los_cines_con_cuerpo_101604_1034.html.

Ilustraciones: Jaume Bosch

enClave-ELE agradece a los autores citados en este libro la oportunidad que sus textos nos han brindado para ejemplificar el uso de nuestra lengua. Los materiales de terceras personas se han utilizado siempre con una intención educativa y en la medida estrictamente indispensabele para cumplir con esa finalidad de manera que no se perjudique la explotación normal de las obras.

© enClave-ELE, 2021
ISBN: 978-84-15299-49-3

Depósito legal: M-3796-2021
Impreso en España
Printed in Spain

ÍNDICE

CÓMO ES EL DELE A1

Los Diplomas de Español como Lengua Extranjera (DELE) son los títulos oficiales del Instituto Cervantes y el Ministerio de Educación, Cultura y Deporte.
Los exámenes del DELE siguen el *Marco común europeo de referencia* (MCER) del Consejo de Europa.

El DELE A1 acredita que el candidato:
- es capaz de comprender y utilizar expresiones cotidianas de uso muy frecuente, así como frases sencillas destinadas a satisfacer necesidades de tipo inmediato;
- puede presentarse a sí mismo y a otros, pedir y dar información personal básica sobre su domicilio, sus pertenencias y las personas que conoce;
- puede relacionarse de forma elemental siempre que su interlocutor hable despacio y con claridad y esté dispuesto a cooperar.

EL EXAMEN: DÓNDE, CUÁNDO Y CÓMO
Los exámenes de los Diplomas de Español como Lengua Extranjera se realizan en los centros del Instituto Cervantes y en la amplia red de centros de exámenes (universidades, centros de enseñanza de español, academias, embajadas y consulados).
En la dirección oficial de los exámenes https://examenes.cervantes.es/es puedes encontrar una lista de centros de exámenes por países.
Los exámenes del DELE tienen dos o tres convocatorias anuales (mayo, noviembre y, en algunos países, agosto).
En la dirección oficial puedes consultar las fechas de cada año y el lugar donde se celebran las pruebas de agosto.
En esta misma página, tienes los procedimientos y los plazos de inscripción.

PARA EL EXAMEN
El día del examen, necesitas llevar:
- **Copia** de la **hoja de inscripción.**
- **Pasaporte** o **documento de identificación** con fotografía. El día del examen debes presentar el original utilizado en la inscripción.
- La **convocatoria oficial de examen** del centro de examen.
- **Bolígrafo** o similar y **lápiz del número 2.**

Tarea 1: Cinco preguntas relacionadas con un texto que puede ser un **correo electrónico, una tarjeta postal, una carta,** etc.

Tarea 2: Seis preguntas relacionadas con **diez textos (carteles, anuncios o mensajes)**. Debes relacionar cada uno de estos textos con un enunciado.

Tarea 3: Seis preguntas relacionadas con **diez textos (anuncios).** Debes relacionar cada uno de estos textos con **una frase** de una determinada persona.

Tarea 4: Ocho preguntas que hay que contestar con la información de un texto que se presenta en forma de **tabla.**

PRUEBA N.º 2 **Comprensión Auditiva** (20 minutos)

Tarea 1: Cinco preguntas relacionadas con cinco conversaciones. Cada pregunta tiene cuatro posibilidades de respuesta que se presentan en forma de imágenes.

Tarea 2: Cinco mensajes. Debes relacionar cada uno de ellos con **una imagen.**

Tarea 3: Ocho datos concretos (nombres u objetos). Debes relacionar cada uno de ellos con **palabras o enunciados,** a partir de la información de ocho frases.

Tarea 4: Siete oraciones que debes completar (con una de las tres opciones), a partir de la información que se presenta en una **conversación** que escuchas dos veces.

PRUEBA N.º 3 **Expresión e Interacción Escritas** (25 minutos)

Tarea 1: Completar un **formulario** en el que tienes que proporcionar información personal sobre temas de necesidad inmediata. Tienes que contestar también tres o cuatro preguntas con 5-15 palabras en cada una de ellas.

Tarea 2: Redactar un texto **(postal, correo electrónico, carta breve, etc.),** a partir de unas instrucciones. El texto debe tener entre 30-40 palabras.

PRUEBA N.º 4 **Expresión e Interacción Orales** (10 minutos)

Tarea 1: Presentación personal del candidato. Es un monólogo. Debes dar información básica sobre ti y tu entorno más inmediato, a partir de una lámina que te muestra el examinador. Vas a hablar durante 2 minutos.

Tarea 2: Exposición de un tema. Es un monólogo. Debes dar información básica sobre ti y tu entorno más inmediato. Debes elegir tres de las cinco opciones que aparecen en las láminas. La conversación va a durar 2 o 3 minutos.

Tarea 3: Conversación con el entrevistador. Debes conversar con el entrevistador sobre tu exposición (tarea 2). La conversación va a durar 3 o 4 minutos.

Para preparar las tres tareas, vas a tener 10 minutos. Durante este tiempo, puedes escribir en un papel las ideas que después vas a exponer en el examen. Durante el examen puedes consultar tus notas. También tienes que preparar las dos preguntas que le vas a hacer al entrevistador al final de la tarea 3.

ESQUEMA GRÁFICO ¡DALE AL DELE! A1

¡Dale al DELE! es la colección más completa para preparar los Diplomas del Español como Lengua Extranjera (DELE).

¡Dale al DELE! A1 prepara para la obtención del nivel A1 y puede utilizarse en clase y de forma autónoma.

¡Dale al DELE! A1 se presenta en forma de **LIBRO, MATERIAL DESCARGABLE** y **LIBRO DIGITAL**.

LIBRO

➢ **104 tareas,**
➢ **6 exámenes,**
➢ descripción de las diferentes pruebas y tareas,
➢ instrucciones y estrategias para realizar las diferentes tareas.

En la primera parte del libro, te ofrecemos:

➢ Una descripción general de las pruebas y de las tareas, con estrategias para enfrentarte a ellas. Antes de cada prueba (comprensión de lectura o auditiva, expresión o interacción oral o escrita) hay una página donde se explican:
  • las tareas que la integran,
  • el formato de cada tarea,
  • el tipo de textos que vas a encontrarte.

A continuación, tienes unas páginas en las que te presentamos, con un ejemplo, las estrategias para cada una de las tareas, la mejor manera de organizar el tiempo y resolver la tarea.

➢ Un ejercicio para la práctica de cada una de las tareas (**13 tareas** en total).

4 tareas de Comprensión de Lectura

4 tareas de Comprensión Auditiva

* En el libro, se utiliza el tratamiento informal *tú* en la primera parte (estrategias y ejercicios de preparación a los exámenes) y el tratamiento formal *usted* en la segunda parte (los exámenes y por tanto, en las instrucciones de las tareas).

2 tareas de Expresión e Interacción Escritas

3 tareas de Expresión
e Interacción Orales

> **Trabajar con detenimiento esta primera parte es fundamental para afrontar con éxito los exámenes de la segunda.**

En la segunda parte del libro, te ofrecemos **6 exámenes completos (78 tareas,** en total).

MATERIAL DESCARGABLE EN: www.enclave-ele.com

> ➢ audio MP3 para la prueba de Comprensión Auditiva,
> ➢ transcripciones,
> ➢ soluciones comentadas,
> ➢ hojas de respuestas con el formato del examen DELE A1,
> ➢ hojas de autoevaluación para analizar tu progreso,
> ➢ modelo de examen completo.

El libro incluye además un código de acceso (impreso en el interior de la cubierta) al **LIBRO DIGITAL** en www.blinklearning.com. El libro digital incluye también todo el material citado anteriormente.

La prueba de Comprensión de Lectura tiene **cuatro tareas** con **25 preguntas** en total. Tienes **45 minutos** para contestar. Puedes emplear 10 minutos para cada tarea y, al final, tienes 5 minutos para comprobar que tienes las 25 respuestas en la **Hoja de respuestas** y para leer las preguntas de las 4 tareas de la prueba de Comprensión Auditiva.

El objetivo de esta prueba es comprender textos breves que tienen información sencilla. En muchos casos, la forma del texto y las ilustraciones ayudan a comprenderlos.

Normalmente, se trata de textos que hablan sobre la vida cotidiana (alimentación, transporte, compras, restaurantes, trabajo, estudios, etc.) con palabras sencillas.

➤ La **tarea 1** tiene 5 preguntas relacionadas con un texto que puede ser un correo electrónico, una tarjeta postal, una carta, etc.

➤ La **tarea 2** tiene 10 textos (carteles, anuncios o mensajes) y debes relacionar cada uno de ellos con un enunciado.

Los textos pueden ser notas en agendas, anuncios, instrucciones, carteles, avisos, etc. Se trata de encontrar qué objetivo tiene la nota. Esta tarea tiene un ejemplo.

➤ La **tarea 3** tiene **10 textos** y debes relacionar cada uno de ellos con **una frase de una determinada persona**.

Los textos son **anuncios**. El objetivo es buscar qué texto responde a los gustos y necesidades de cada persona. Esta tarea tiene un ejemplo.

➤ La **tarea 4** tiene **8 espacios en blanco** que hay que completar (eligiendo la opción correcta) con la información de un texto que se presenta en forma de tabla.

Los textos pueden ser un **fragmento de la guía de ocio de una ciudad, el programa de fiestas de un colegio, horarios e información sobre los trenes entre dos ciudades,** etc. El objetivo es encontrar información específica (horario, precio, día de la semana, lugar donde se celebra…). Esta tarea tiene un ejemplo. Tienes que elegir una opción (A, B o C) para cada pregunta.

Para aprobar esta parte del examen es necesario contestar correctamente 15 preguntas (el 60%).

La tarea

Tienes un texto con **5 preguntas** de opción múltiple (a, b, c, d). Los textos son **correos electrónicos, tarjetas postales, cartas,** etc.

Debes comprender la **idea principal** y también la **información concreta** que hay en el texto.

Tienes **10 minutos** ⌛ aproximadamente para hacer esta tarea.

Instrucciones y estrategias

En los primeros minutos, lee las 5 preguntas y las 3 opciones de respuesta y <u>subraya</u> la palabra o palabras más importantes.

1. Alfredo López escribe esta carta porque busca…
   A) una <u>tienda</u>.
   B) un <u>trabajo</u>.
   C) un <u>ordenador</u>.

2. Según lo que dice en esta carta, Alfredo López…
   A) <u>vive</u> en <u>Argentina</u>.
   B) quiere <u>viajar</u> a <u>España</u>.
   C) <u>es</u> de <u>Argentina</u>.

3. Alfredo López dice que…
   A) quiere <u>trabajar en Infotec</u>.
   B) <u>sabe</u> mucho de <u>ordenadores</u>.
   C) <u>trabaja</u> en <u>varias tiendas</u>.

4. Actualmente, Alfredo trabaja en…

A   B   C

5. Si lo contratan, Alfredo López...
   A) prefiere empezar a <u>trabajar un mes después</u>.
   B) puede <u>trabajar</u> al <u>salir</u> de su <u>otro trabajo</u>.
   C) puede <u>comenzar</u> el trabajo <u>ya</u>.

Ahora lee la carta y <u>subraya</u> ✎ las palabras que tienen relación con las preguntas. Puedes escribir en el margen el número de las preguntas.

Recuerda que no siempre vas a encontrar en el texto las palabras que aparecen en las respuestas. Lo importante es entender la pregunta y buscar la información en el texto.

A la atención de
DATISA S. L.

Oviedo, 17 de septiembre de 2020

Estimados señores:

Mi nombre es Alfredo López, tengo 27 años, <u>soy argentino</u>, aunque tengo también la nacionalidad española. Según el anuncio publicado la semana pasada en la *Gaceta de los Negocios*, <u>buscan dependientes</u> para su nueva tienda en Gijón, que es la ciudad en la que vivo desde hace tres años.

2

1

Les escribo porque quiero poder trabajar con ustedes, ya que <u>tengo estudios de Ingeniería Informática</u> y experiencia en diferentes empresas, entre las que puedo señalar la tienda de ordenadores Infotec, como dependiente y como técnico de atención a los clientes.

3

En estos momentos <u>trabajo en una tienda de ropa deportiva</u>, pero en el futuro quiero trabajar en algo relacionado con mi carrera universitaria.

4

Hablo inglés y francés, tengo carné de conducir y <u>puedo empezar a trabajar inmediatamente</u>.

5

Reciban un cordial saludo,

Alfredo.

Los últimos minutos son para responder a las 5 preguntas.

1. Alfredo López escribe esta carta porque busca...
   A) una tienda.
   B) **un trabajo** ("buscan dependientes").
   C) un ordenador.

Esta pregunta es de carácter general. Está relacionada con la intención del texto. Sabemos que Alfredo busca trabajo, porque el destinatario de la carta es una empresa.

2. Según lo que dice en esta carta, Alfredo López...
   A) vive en Argentina.
   B) quiere viajar a España.
   C) **es de Argentina** ("soy argentino").

3. Alfredo López dice que…

   A) quiere trabajar en Infotec.

   B) **sabe mucho de ordenadores** ("tengo estudios de Ingeniería Informática").

   C) trabaja en varias tiendas.

4. Actualmente, Alfredo trabaja en…

a   b   c

5. Si lo contratan, Alfredo López…

   A) no puede trabajar hasta el mes siguiente.

   B) puede trabajar al salir de su otro trabajo.

   C) **puede comenzar el trabajo ya** ("puedo empezar a trabajar inmediatamente").

Para practicar

➤ Ahora puedes hacer el ejercicio 1 de esta tarea (páginas 12 y 13).

➤ Recuerda que en www.enclave-ele.com y en el libro digital en Blinklearning tienes las soluciones explicadas a este ejercicio y que allí vas a encontrar un modelo completo de examen que puedes hacer al final de tu preparación.

TAREA 1 Ejercicio 1

⏳ **HORA DE INICIO ___:___**

Instrucciones

Usted va a leer un correo electrónico de Alberto a una universidad alemana. A continuación debe leer las preguntas (de la 1 a la 5) y seleccionar la opción correcta (A, B o C).

Tiene que marcar las opciones elegidas en la **Hoja de respuestas**.

    A B C

0. ■ ☐ ☐

Mensaje sin título

Archivo   Edición   Ver   Insertar   Formato   Herramientas   Tabla   Ventana   ?   Escriba una pregunta   ▾ ✕

Opciones... ▾ | HTML   ▾

Para... luis@gmail.com

CC...

Asunto: año académico en Alemania

Times New Roman ▾ | 12 ▾ | A ▾ | N K S | ≡ ≡ ≡ | ≡ ≡ ≡ ≡ | A ▾

Hola, Luis:

Me llamo Alberto, soy colombiano y tengo veintidós años. Desde hace tres años, estudio alemán en la Universidad y el año próximo quiero ir a Alemania a continuar mis estudios de Química. Te escribo porque soy amigo de tu prima Sonia, que me dice que, desde hace tres años, trabajas en Berlín, por eso creo que me puedes ayudar.

Tengo ya el billete de avión para llegar en octubre, pero no sé si tomar el tren o el autobús para llegar al centro. ¿Hay metro para ir desde el aeropuerto a la ciudad?

Los primeros días voy a estar en un hotel. Luego quiero vivir con una familia para aprender más rápido. Además, creo que va a ser también más barato.

Otra pregunta: ¿qué horarios tienen los cursos de alemán en alguna escuela bien comunicada y no muy cara? También quiero saber cuánto cuestan los cursos de idiomas que ofrece la Universidad, en qué lugar se hacen y en qué fecha se cierra la matrícula porque les escribo todas las semanas y algunas veces llamo por teléfono, pero nunca me responden.

Muchas gracias,

Alberto

ES ‹ 🗔 🔋 💶 💬 🔊 12:34

Preguntas

1. En este texto, Alberto habla de…
   A) su nivel de alemán.
   B) su familia en Alemania.
   C) sus estudios en Alemania el próximo año.

2. Alberto llega a Alemania en…

A   B   C

3. Alberto quiere vivir…
   A) con una familia.
   B) con estudiantes.
   C) en un hotel.

4. Alberto quiere saber…
   A) el precio de los cursos de alemán.
   B) el precio del alquiler del piso.
   C) el nivel del curso de alemán.

5. Alberto no sabe…
   A) hablar mucho alemán.
   B) la distancia entre el hotel y la Universidad.
   C) la fecha del fin de la matrícula de un curso de alemán.

⧖ **HORA DE FINALIZACIÓN** ___:___

La tarea

En esta tarea, vas a encontrar 10 carteles, anuncios o mensajes que tienes que relacionar con un enunciado (de la A a la J). Al principio, siempre encuentras un ejemplo, pero no es necesario hacerlo porque pierdes tiempo.

Instrucciones y estrategias

En primer lugar, lee las frases numeradas del 6 al 11 y subraya la palabra más importante, la que tiene más información. El 0, como es el ejemplo, no hay que hacerlo.

FRASES		MENSAJES
6.	Hay <u>poco</u>.	
7.	<u>No</u> se puede <u>comer</u> ni <u>beber</u>.	
8.	Solo abre por las <u>mañanas</u>.	
9.	La fruta está más <u>barata</u>.	
10.	No <u>funciona</u>.	
11.	Es más <u>barato</u>.	

Cuidado con las frases 9 y 11 (barata y barato). Solo hay una diferencia de género.

A continuación, vas a leer cada uno de los anuncios. Además, vas a escribir la idea principal de cada uno de ellos. Esto te va a servir para encontrar luego la respuesta correcta.

No hay clase

El lunes por la tarde no hay clase.

B

Fecha comerse

Consumir preferentemente antes del 28 de febrero de 2021.

C

Necesita comprar

Se está acabando el gel de baño.

D

Más baratas

Esta semana, el kilo de naranjas por solo 1,5 €.

E

Más barato

Nuevos precios. Antes, 25 €. Ahora solo 20 €.

F

No funciona

Fuera de servicio

G

Prohibido comida y bebida

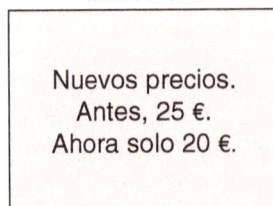

Prohibido entrar con comida y bebida a la biblioteca.

H

Las clases de francés son
en el aula 35,
en la tercera planta.

Cerrado por las tardes, en
julio y agosto.

I   **J**

Para leer los 6 enunciados de las preguntas puedes tardar como máximo 2 minutos. Los otros 8 minutos (un poco menos de un minuto para cada mensaje) son para relacionar los textos (carteles, anuncios o mensajes) con los enunciados. Recuerda que hay 3 textos que no se corresponden con ningún enunciado.

El **anuncio B** no tiene relación con ninguna frase, porque informa de que las clases del lunes por la tarde no se van a dar.

El **anuncio C** habla de la fecha (el día o el mes) en la que un producto puede comerse o beberse. No hay ninguna frase relacionada con esto.

En la nota que alguien deja en el **mensaje D,** se informa de que "hay poco" gel de baño **(n.º 6),** porque se está acabando y es necesario comprar más.

En el **anuncio E,** la naranja (que es una fruta), durante esta semana, cuesta menos dinero (solo 1,5 euros), es decir, está más barata; la respuesta correcta es el enunciado **n.º 9.**

El **anuncio F** habla de un nuevo precio para un producto que está más barato **(n.º 11)** que antes, porque ahora cuesta 5 euros menos.

El cartel del **mensaje G** habla de un cajero automático que no puede utilizarse porque no funciona **(n.º 10).**

El **anuncio H** habla sobre la prohibición de entrar con comida o bebida a la biblioteca. No se puede comer ni beber en este lugar **(n.º 7).**

El **anuncio I** es una nota informativa que trata del lugar (aula 35) en el que van a darse las clases de un idioma (el francés); este mensaje no tiene relación con ninguna frase.

Por último, en el **mensaje J,** se informa del cierre en verano (julio y agosto) de una tienda o un servicio, pero solo en el horario de tarde; eso significa que abre por las mañanas (solamente por las mañanas, **n.º 8)** y no abre (está cerrado) por las tardes.

Utiliza, si quieres, el cuadernillo de examen para escribir tus notas, pero recuerda que las respuestas deben estar siempre en la **Hoja de respuestas.**

6.	Hay <u>poco</u>.	D
7.	<u>No</u> se puede <u>comer</u> ni <u>beber</u>.	H
8.	Solo abre por las <u>mañanas</u>.	J
9.	La fruta está más <u>barata</u>.	E
10.	<u>No funciona</u>.	G
11.	Es más <u>barato</u>.	F

Para practicar

➤ Ahora puedes hacer el ejercicio 2 de esta tarea (páginas 16 y 17).

➤ Recuerda que en www.enclave-ele.com y en el libro digital en Blinklearning tienes las soluciones explicadas a este ejercicio y que allí vas a encontrar un modelo completo de examen que puedes hacer al final de tu preparación.

TAREA 2 Ejercicio 2

⌛ **HORA DE INICIO** ___:___

Instrucciones

Usted va a leer unos mensajes. Tiene que relacionar los mensajes (A-J) con las frases (de la 6 a la 11). Hay diez mensajes, incluido el ejemplo. Tiene que seleccionar seis.

Tiene que marcar las opciones elegidas en la **Hoja de respuestas**.

Ejemplo:

Frase 0: Es más barato.

La opción correcta es la **A**, porque se refiere a un jersey que ahora es más barato.

```
   A  B  C  D  E  F  G  H  I  J
0. ■  □  □  □  □  □  □  □  □  □
```

Rebajas de verano.

Jersey de lana.
Antes: 45 €.
Ahora: 30 €.

A

Con el AVE llegas antes.
Nuestros trenes viajan a 250 km/hora.

B

Gel de baño.
250 ml Gratis.
Ahora en botellas
de un litro.

C

Más información
en nuestra página web.

D

Una vez
comenzada
la función,
no se permite
la entrada
en la sala.

E

La máquina de café
no funciona.

F

Alquilo piso.
3 habitaciones.
A 100 metros de la parada
de autobús y metro.

G

SILENCIO
En todo el hospital.

H

Doy clases de matemáticas y física,
todos los niveles.
30 €/hora.

I

ENTRADA
Cine
Montemar
Lugares comunes
18:30
Fila: 12   Butaca: 6

J

FRASES		MENSAJES
0.	Es más barato.	A
6.	Está bien comunicado.	
7.	La película empieza a las seis y media.	
8.	No se puede llegar tarde.	
9.	Es más grande.	
10.	Es profesor.	
11.	Son muy rápidos.	

⌛ HORA DE FINALIZACIÓN ___:___

La tarea

Esta tarea tiene dos cuadros de información que hay que relacionar. En el primer cuadro, hay 10 mensajes, anuncios o informaciones relacionados con un mismo tema (anuncios de casas, recetas de cocinas, anuncios de trabajo). En el segundo, hay 7 frases que dicen diferentes personas. Debes **relacionar cada mensaje, anuncio o información** con **una frase.** Existe un ejemplo, que es una frase 0.

Tienes **10 minutos** ⧖ aproximadamente para hacer esta tarea.

Instrucciones y estrategias

Vamos a hacer un ejemplo de esta tarea. Hay que relacionar ofertas de estudios universitarios con lo que dicen diferentes personas acerca de lo quieren hacer en el futuro.

En primer lugar, leemos los textos de las personas (12-17), que son las preguntas que tenemos que contestar, y <u>subrayamos</u> \ la palabra o palabras más importantes de cada frase. En el número 0, no hace falta leer ni subrayar nada, porque ya tenemos la respuesta.

	TEXTOS	ESTUDIOS UNIVERSITARIOS
12.	Ya sé hablar <u>varios idiomas</u> y quiero dedicarme profesionalmente a leer libros que me gustan y publicarlos en otro idioma.	
13.	Voy a ser la directora de <u>la empresa</u> familiar y quiero hacerlo bien, con los conocimientos necesarios.	
14.	Me gusta saber por qué pasan las cosas, cuál es el <u>origen</u> de nuestros problemas, de nuestro <u>presente</u> y de nuestro <u>pasado</u>.	
15.	Quiero conocer mejor el <u>español</u> y ser <u>profesora</u> para enseñar esta lengua.	
16.	Me encanta trabajar con <u>enfermos</u> y quiero poder trabajar pronto en un <u>hospital</u> o en mi propia <u>clínica</u>.	
17.	Desde pequeño me gusta dibujar casas, quiero hacer <u>edificios</u> modernos y también interesantes.	

A continuación, leemos los anuncios. Después de cada anuncio (A-J), miramos las palabras subrayadas para establecer la relación correcta entre los anuncios y las frases. Recuerda que hay 3 anuncios que no se corresponden con ninguna frase.

El anuncio A no es necesario leerlo, porque es la respuesta que sirve de ejemplo.

B

Arquitectura

Construir casas, hacer edificios, proyectar monumentos: este es tu futuro.

C

Administración de empresas

Para la dirección de empresas, nuestros estudiantes son los mejores profesionales.

D

Filología Española

El estudio de la lengua, en la teoría y en la práctica. Conocer mejor la gramática, para poder enseñarla.

E

Filosofía

La historia del pensamiento, sus grandes pensadores, los temas que interesan al hombre, sus problemas y las respuestas.

F

Derecho

Si te interesa el mundo de las leyes, esta es tu oportunidad para ser juez o abogado.

G

Medicina

Si quieres cuidar a los enfermos, esta profesión es la que más te interesa. Desde el estudio del cuerpo a las causas de la enfermedad.

H

Traducción e Interpretación

Enseñamos las mejores técnicas para hacer traducciones e interpretaciones entre lenguas.

I

Sociología y Ciencias Políticas

Si te interesa la política, aquí puedes saber cómo funciona la sociedad y las relaciones de poder.

J

Historia

Si te gusta conocer el pasado, aquí puedes estudiar con las mejores técnicas y los mejores profesores.

En el **anuncio B,** el estudio que se ofrece es el que se corresponde con la **frase 17,** porque se trata de la persona que quiere hacer casas, el arquitecto.

El **anuncio C** se refiere a la persona que quiere dirigir una empresa, es decir, la persona de la **frase 13.**

El **anuncio D** propone estudiar la lengua española para poder enseñarla, es decir, para ser profesor de español, como quiere ser la persona de la **frase 15.**

El **anuncio G** es para quienes quieren ser médicos, como la persona de la **frase 16,** que quiere curar a enfermos y trabajar en un hospital.

Los estudios de Traducción e Interpretación **(anuncio H)** preparan para poder traducir de una lengua a otra: esta es la respuesta correcta para la **frase 12.**

Por último, en el **anuncio J** se habla de historiadores que conocen los hechos del pasado, como quiere la persona que habla en la **frase 14.**

Para practicar

➤ Ahora puedes hacer el ejercicio 3 de esta tarea (páginas 20 y 21).

➤ Recuerda que en www.enclave-ele.com y en el libro digital en Blinklearning tienes las soluciones explicadas a este ejercicio y que allí vas a encontrar un modelo completo de examen que puedes hacer al final de tu preparación.

⏳ **HORA DE INICIO** ___:___

Instrucciones

Usted va a leer unos anuncios de restaurantes y cafeterías. Tiene que relacionar los anuncios (A-J) con los textos (del 12 al 17). Hay diez anuncios, incluido el ejemplo. Seleccione seis.

Tiene que marcar las opciones elegidas en la **Hoja de respuestas**.

Ejemplo:

Texto 0: Queremos salir a comer después de clase; no tenemos mucho dinero porque somos estudiantes.

La opción correcta es la **C**.

A B C D E F G H I J
0. ☐ ☐ ■ ☐ ☐ ☐ ☐ ☐ ☐ ☐

A **Hamburguesas y bocadillos**
Fríos y calientes, ofertas especiales durante la semana. Estamos cerca de la Universidad. El menú incluye bebida no alcohólica.

B **Cafetería**
Cafetería El Carmen. En el parque de La Alameda, abrimos todos los días, desde las 7 de la mañana. Prensa nacional e internacional.

C **Comida tradicional**
Especialidad en platos regionales. Cerramos los fines de semana.

D **Salones**
Amplios salones para todo tipo de fiestas y celebraciones. Preparamos desayunos, comidas, meriendas y cenas.

E **Televisiones con gran pantalla**
Pasa una tarde inolvidable en la mejor compañía; tenemos televisiones de gran pantalla. Los fines de semana, precios más baratos.

F **Vegetariano**
Restaurante vegetariano La Lechuga. Productos frescos y naturales, recién recogidos. Nuevos menús. Abrimos los domingos.

G **Marisquería**
Marisquería La Gamba de Oro. Pescados frescos todos los días de la semana. Frente al puerto, en la playa de La Victoria.

H **Citas y encuentros**
Música en vivo por la noche; el ambiente ideal para venir con tu pareja. Menú especial para el día de los enamorados.

I **Para niños**
En Los Pitufos, todas las tardes puedes pasar un momento agradable con toda la familia. Salas de juegos para niños y bebidas variadas.

J **Discoteca**
Un lugar de fiesta para todas las noches de la semana; la música más divertida con la que bailar hasta las tres de la mañana.

0. Queremos salir a comer después de clase; no tenemos mucho dinero porque somos estudiantes.

A

12. Voy a llevar a mi novia a cenar a un sitio romántico; es nuestro aniversario.

13. Me gusta desayunar en un sitio tranquilo, leer el periódico y tomar un café al aire libre.

14. Mis amigos y yo vamos a ir a ver el fútbol juntos mientras bebemos unas cervezas.

15. El fin de semana siempre salimos con los niños a merendar, a beber un refresco o tomar chocolate caliente.

16. Cumplo cuarenta años. Quiero hacer una comida con muchos amigos en un restaurante.

17. No nos gusta la carne ni el pescado, pero nos encanta la verdura.

⌛ **HORA DE FINALIZACIÓN** ___:___

La tarea

Tienes **un texto** en forma de tabla con información sobre diferentes aspectos de la vida cotidiana (horario de trenes, programa de exposiciones, información sobre unos grandes almacenes, etc.) o temas de interés general (cuadro sobre la literatura de una determinada época, cuadro con información sobre diferentes países hispanos, etc.). Debes rellenar **8 frases incompletas** con la información que aparece en la tabla.

Hay un ejemplo, que es una frase 0.

Tienes **minutos** ⧗ aproximadamente para hacer esta tarea.

⚙ Instrucciones y estrategias

Vamos a hacer un ejemplo de esta tarea con un cuadro que tiene información sobre diferentes países hispanoamericanos.

En primer lugar, leemos las ocho frases incompletas y subrayamos ✏ la palabra o palabras más importantes.

18. La capital de Venezuela es _____.
    A) Lima   B) Bolívar   C) Caracas

19. En Perú se utiliza el _____ para comprar.
    A) peso   B) sol   C) bolívar

20. En Argentina viven más de 53 millones de _____.
    A) pueblos   B) ciudades   C) habitantes

22. Lima es la capital de _____.
    aA) Perú   B) Argentina   C) Venezuela

22. La Habana es la _____ de Cuba.
    A) moneda   B) capital   C) población

23. El bolívar es la moneda de _____.
    A) Caracas   B) Venezuela   C) Cuba

24. Perú tiene _____ habitantes que Argentina.
    A) más   B) menos   C) los mismos

25. El país con más habitantes es _____.
    A) Cuba   B) Perú   C) México

Ahora vamos a ver la tabla con la información que nos va a servir para realizar el ejercicio.

País	Cuba	Argentina	Perú	Venezuela	México
Capital	La Habana	Buenos Aires	Lima	Caracas	México D. F.
Moneda	peso cubano	peso argentino	sol	bolívar	peso mexicano
Población	11 320 240	53 251 318	25 831 324	61 742 379	72 435

Para la primera frase, debes buscar la información en la fila de capitales y en la columna de Venezuela.

País				Venezuela	
Capital	La Habana	Buenos Aires	Lima	Caracas	México D. F.
				bolívar	
				61 742 379	

En la segunda frase, necesitas saber que, para comprar, se utiliza el dinero, y la moneda de Perú es el sol (opcíon b).

País			Perú		
Moneda	peso cubano	peso argentino	sol	bolívar	peso mexicano

En la tercera pregunta, sobre la población o número de habitantes de Argentina, tienes dos posibles palabras para responder: "personas" o "habitantes". Las dos pueden ser correctas, pero solo aparece (en la opción c) la palabra "habitantes", que es la forma de contar la población (no en pueblos ni en ciudades).

Para la pregunta 21, volvemos a utilizar la fila de las capitales para localizar el país que corresponde a Lima (no se trata de conocimientos del mundo; es encontrar la información en el texto: tenemos que buscar en este caso el nombre de la ciudad, Lima, y el país correspondiente, Perú).

En la siguiente pregunta, localizamos "La Habana" y vemos que es la capital (no la moneda ni la población) de Cuba. En algunas frases, como la quinta, la respuesta está en la fila de los países. Así sabemos que "El bolívar es la moneda de Venezuela".

En otras frases, como en la sexta (pregunta 23), vas a poner en relación dos informaciones (números, por ejemplo). Necesitas saber el número de habitantes de dos países.

País		Argentina	Perú		
Población		53 251 318	25 831 324		

Si comparas estas cifras, en Argentina hay más habitantes que en Perú y, por lo tanto, "Perú tiene menos habitantes que Argentina".

Por último, en la séptima frase, hay que buscar en la fila de "Población" cuál es el país con mayor número de habitantes, que es México (72 435 673).

País	Cuba	Argentina	Perú	Venezuela	México
Población	11 320 240	53 251 318	25 831 324	61 742 379	72 435 673

Para practicar

➤ Ahora puedes hacer el ejericio 4 de esta tarea (páginas 24 y 25).

➤ Recuerda que en www.enclave-ele.com y en el libro digital en Blinklearning tienes las soluciones explicadas a este ejercicio y que allí vas a encontrar un modelo completo de examen que puedes hacer al final de tu preparación.

TAREA 4 Ejercicio 4

⏳ **HORA DE INICIO** ___:___

Instrucciones

Usted va a leer el programa de exposiciones que van a celebrarse en Madrid en los próximos meses. A continuación, tiene que leer las preguntas (de la 18 a la 25) y seleccionar la opción correcta (A, B o C).

Tiene que marcar las opciones elegidas en la **Hoja de respuestas**.

PROGRAMA DE EXPOSICIONES
Ayuntamiento de Madrid
Consejería de Cultura y Deporte

3-4 de octubre
Salón de la fotografía y la imagen
Para público y profesionales
Lugar: Feria de Madrid
Horario: de 10 a 18 horas

12-14 de octubre
Feria de los deportes y actividades en la naturaleza
Abierto al público
Lugar: Estación de Atocha - AVE
Horario: de 10 a 14 horas

2-5 de noviembre
Exposición internacional del autobús y el autocar
Solo profesionales
Lugar: Museo del Transporte
Horario: solo tardes

17-18 de noviembre
Salón de la futura mamá, el bebé y las nuevas familias
Abierto al público
Lugar: Casa de Campo
Horario: solo mañanas

4-9 de diciembre
Diversión en familia
Para toda la familia
Lugar: Palacio de Congresos
Horario: de 10 a 19 horas

26-29 de diciembre
Feria de arte y antigüedades
Para público y profesionales
Lugar: Círculo de Bellas Artes
Horario: de 16 a 20 horas

PREGUNTAS

18. Los padres que van a tener un niño pueden ir a ver una exposición en la...
    A) Feria de Madrid.
    B) Casa de Campo.
    C) Estación de Atocha – AVE.

19. Para pasar un día divertido, los padres y los hijos pueden ir al...
    A) Circulo de Bellas Artes.
    B) Palacio de Congresos.
    C) Museo del Transporte.

20. La actividad para los conductores abre solo por las...
    A) mañanas.
    B) tardes.
    C) noches.

21. Para visitar la Exposición Internacional del autobús y el autocar necesitas ser...
    A) público.
    B) profesional.
    C) familiar.

22. Si te gusta hacer ejercicio al aire libre, tienes una feria de deportes en el mes de...
    A) octubre.
    B) noviembre.
    C) diciembre.

23. La exposición para padres y para hijos se puede visitar...
    A) solo por las mañanas.
    B) en el Palacio de Congresos.
    C) en el mes de octubre.

24. La actividad con una duración más larga en este programa es...
    A) Feria de arte y antigüedades.
    B) Salón de la fotografía y la imagen.
    C) Diversión en familia.

25. Cada día se pueden comprar objetos antiguos durante...
    A) cuatro horas.
    B) ocho horas.
    C) nueve horas.

⧗ **HORA DE FINALIZACIÓN** ___:___

La prueba de Comprensión Auditiva tiene **cuatro tareas**, con **25 preguntas** que debes contestar con lápiz ✏️ , no con bolígrafo ✖️. Esta prueba dura, aproximadamente, **20 minutos**. Todos los audios se escuchan dos veces y hay tiempo suficiente entre audición y audición para tomar notas, leer y contestar en la **Hoja de respuestas**.

- La **tarea 1** tiene **5 preguntas** relacionadas con **5 conversaciones**. Las tres posibles **respuestas** (A, B y C) aparecen en forma de **imágenes**. Esta tarea tiene un ejemplo.

- La **tarea 2** tiene **5 mensajes** y debes relacionar cada uno de ellos con **una imagen**. Esta tarea tiene un ejemplo.

- La **tarea 3** tiene **8 datos concretos** (nombres u objetos) que debes relacionar con **palabras o enunciados**, a partir de la información de 8 frases. Esta tarea tiene un ejemplo.

- La **tarea 4** tiene **7 oraciones** que debes completar eligiendo la opción (de la A a la I) correcta, a partir de la información que se proporciona en una **conversación o monólogo.** Esta tarea tiene un ejemplo.

En todas las tareas, hay un tiempo al principio para leer las preguntas y ver las fotografías o dibujos. Aprovecha este tiempo para escribir, debajo de las imágenes, el nombre de cada objeto o acción.

Las audiciones de todas las tareas se repiten dos veces. Entre la primera y la segunda audición hay un silencio de 10 segundos y, antes de pasar al siguiente mensaje o conversación, tienes 10 segundos de pausa.

Al final de cada tarea, tienes 40 segundos para comprobar que tienes las respuestas a todas las preguntas.

Al final de la prueba, vas a escuchar el mensaje de "La prueba ha terminado"; a partir de ese momento, no puedes escribir ya nada en la **Hoja de respuestas**.

En todas las tareas, puedes seguir los siguientes pasos:

- Lee las preguntas y escribe debajo de cada imagen la acción u objeto representados (tareas 1 y 2) o subraya ✏️ la palabra o palabras más importantes (tareas 3 y 4). De esta manera, puedes imaginar de qué tema trata la audición antes de escucharla.

- Escribe durante la audición la palabra o palabras más importantes.

Para aprobar esta parte del examen es necesario contestar correctamente 15 preguntas (el 60%).

La tarea

Tienes **5 preguntas** relacionadas con **5 conversaciones.** Las tres **respuestas** posibles (A, B y C) aparecen en forma de **imágenes.** Esta tarea tiene un ejemplo.

Las conversaciones tratan sobre **temas y necesidades cotidianas.** Las conversaciones se repiten dos veces.

En el examen hay un ejemplo con una pregunta 0.

⚙️ Instrucciones y estrategias

En primer lugar, lee las preguntas y escribe ✏️ debajo de cada imagen el objeto (sustantivo) o acción (verbo) representados. De esta manera puedes anticipar el contenido del diálogo.

Nos saltamos el ejemplo que se resuelve al principio de la audición.

1. ¿Cuál es la comida preferida de Rocío?

sopa	paella	carne
A	**B**	**C**

2. ¿Qué camisa prefiere la mujer?

roja	negra	azul
A	**B**	**C**

3. ¿A qué hora se levantan mañana?

  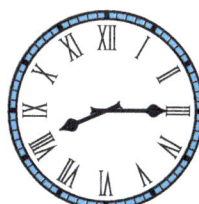

nueve en punto	ocho menos cuarto	ocho y cuarto
A	**B**	**C**

4. ¿Por qué estudia español?

trabajar

A

viajar

B

escuchar música

C

5. ¿Cómo viene Merche?

avión

A

tren

B

autobús

C

Prepárate para escuchar el audio (pista 1). Recuerda que vas a escuchar diálogos muy breves y sencillos. Los vas a oír dos veces. Debes identificar la palabra más importante del mensaje y relacionarla con una de las imágenes.

Entre cada audición tienes 10 segundos de pausa. Luego tienes 5 segundos de pausa antes de pasar al siguiente diálogo.

Vamos a ver ahora las respuestas a las preguntas de esta tarea.

Las palabras que puedes anotar en cada diálogo son las siguientes:

Diálogo 1- paella

Diálogo 2- azul / negra

Diálogo 3- 8 menos cuarto

Diálogo 4- viajar

Diálogo 5- vuelo

La respuesta a la pregunta del **primer diálogo** es la **imagen B.** A Rocío le encanta la paella. Es su comida preferida.

La respuesta a la pregunta del **segundo diálogo** es la **imagen B.** Al hombre le gusta la azul, pero la mujer prefiere la negra.

La respuesta a la pregunta del **tercer diálogo** es la **imagen B.** Deben salir de casa a las nueve, por eso necesitan levantarse a las ocho menos cuarto.

La respuesta a la pregunta del **cuarto diálogo** es la **imagen B.** La mujer quiere viajar a Argentina y aprender a bailar el tango. Por eso quiere aprender español.

La respuesta a la pregunta del **quinto diálogo** es la **imagen A.** El hombre pregunta a la mujer en qué vuelo llega Merche. Si llega en un vuelo, viaja en avión.

Al final de la tarea, dispones de 40 segundos para comprobar que tienes las respuestas a las 5 preguntas.

No olvides que debes escribir las respuestas a lápiz en la **Hoja de respuestas.**

Para practicar

- Ahora puedes hacer el ejercicio 5 de esta tarea (página 30) que se corresponde con la pista 2.

- Recuerda que en www.enclave-ele.com y en el libro digital en Blinklearning tienes las soluciones explicadas a este ejercicio y que allí vas a encontrar un modelo completo de examen que puedes hacer al final de tu preparación.

TAREA 1 Ejercicio 5

🔊 Pista 2

⏳ **HORA DE INICIO** ___:___

Instrucciones

Usted va a escuchar cinco conversaciones. Hablan dos personas. Las conversaciones se repiten dos veces. Hay una pregunta y tres imágenes (A, B y C) para cada conversación. Usted tiene que seleccionar la imagen que responde a la pregunta.

Tiene que marcar las opciones elegidas en la **Hoja de respuestas**.

Ahora va a escuchar un ejemplo.

0. ¿Qué va a comprar?

A   B   C

La opción correcta es la letra **A**.

```
    A  B  C  D
0. ■  □  □  □
```

1. ¿Qué le gusta hacer a la mujer?

A   B   C

2. ¿A qué hora empieza a trabajar?

A

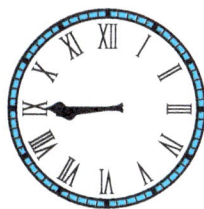
B

C

3. ¿Cómo es su hermano?

A

B

C

4. ¿Dónde va de vacaciones?

A

B

C

5. ¿Qué tiene en el bolso?

A

B

C

⏳ **HORA DE FINALIZACIÓN** ___:___

La tarea

Tienes **5 mensajes** y debes relacionar cada uno con una **imagen**.

Los mensajes son **avisos muy breves** transmitidos casi siempre cara a cara, pero también por teléfono, por radio, televisión o megafonía. Los mensajes se repiten dos veces.

En el examen hay un ejemplo con un mensaje 0.

Instrucciones y estrategias

Vamos a hacer un ejemplo. Mientras empieza la audición, puedes ganar tiempo si miras las fotografías e imaginas qué se puede decir o escuchar en una situación como esa. De esta manera, puedes adelantar el contenido de los mensajes.

Vamos a hacer esto con cada una de las 8 fotografías de este ejemplo. En el examen, vas a tener 9 fotografías, una de ellas corresponde al ejemplo y aquí no la vamos a tener en cuenta.

bañador, playa

A

Aquí tiene sus llaves,
Sr. Martín.
Feliz estancia en nuestro hotel.
Bienvenido a nuestro hotel.

B

Quiero agua.
¿Me puedes poner agua, por favor?

C

¿A qué hora empieza?

D

Este es...
Encantada.

E

Me gustan mucho.
Voy a comprarlos.

F

Llegas tarde
Llegas 15/20/25 minutos tarde.

G

¿Qué escribes?
¿A quién escribes?

H

Ahora vas a escuchar el audio (pista 3) de forma activa. Vas a escribir ✐, al lado de cada mensaje, la palabra o palabras más importantes.

Recuerda que tienes 10 segundos después de la primera audición de un mensaje y 5 antes de la audición siguiente.

Mensajes		Imágenes
6.	Mensaje 1	agua, por favor
7.	Mensaje 2	Este es Alfredo.
8.	Mensaje 3	bañador, playa
9.	Mensaje 4	a quién, escribes
10.	Mensaje 5	llaves, bienvenido, hotel

Ten en cuenta que tenemos 5 mensajes y 8 imágenes. Por lo tanto, hay 3 imágenes sin mensaje.

En el **mensaje 1**, un hombre pide agua. Se relaciona con la **imagen C**, porque, en esta foto, hay una mujer que sirve agua en la mesa.

En el **mensaje 2**, escuchamos a un hombre presentar a otro hombre a una mujer. Este segundo hombre tiene que ser Alfredo y la **imagen** de este mensaje es la **E**.

En el **mensaje 3**, el hombre recuerda a la mujer que necesita bañador porque hace buen tiempo y van a ir a la playa. La **imagen** de este mensaje es la **A**.

En el **mensaje 4**, el hombre pregunta a la mujer a quién escribe. La **imagen** de este mensaje es la **H**, pues vemos a una mujer joven que escribe.

Finalmente, en el **mensaje 5**, se da la bienvenida al hotel a un cliente. La **imagen** de este mensaje es la **B**. En ella, podemos ver a una mujer que entrega a un cliente las llaves de una habitación.

Mensajes		Imágenes
6.	Mensaje 1	C
7.	Mensaje 2	E
8.	Mensaje 3	A
9.	Mensaje 4	H
10.	Mensaje 5	B

Al final de la tarea, dispones de **40** segundos para comprobar que tienes las respuestas a las cinco preguntas.
No olvides que puedes utilizar el cuadernillo como borrador, pero debes escribir las respuestas a lápiz
en la **Hoja de respuestas**.

Para practicar

- Ahora puedes hacer el ejercicio 6 de esta tarea (página 35) que se corresponde con la pista 4.

- Recuerda que en www.enclave-ele.com y en el libro digital en Blinklearning tienes las soluciones explicadas a este
ejercicio y que allí vas a encontrar un modelo completo de examen que puedes hacer al final de tu preparación.

TAREA 2 Ejercicio 6

🔊 Pista 4

⏳ **HORA DE INICIO** ___:___

Instrucciones

Usted va a escuchar cinco mensajes. Cada mensaje se repite dos veces. Tiene que relacionar las imágenes (de la A a la I) con los mensajes (del 6 al 10). Hay nueve imágenes, incluido el ejemplo. Seleccione cinco.

Tiene que marcar las opciones elegidas en la **Hoja de respuestas**.

Ahora va a escuchar un ejemplo. Atención a las imágenes.

Mensaje 0: ¿Puedes cerrar la puerta, por favor?

La opción correcta es la letra **C**.

```
   A  B  C  D  E  F  G  H  I
0. □  □  ■  □  □  □  □  □  □
```

	Mensajes	Imágenes
0.	Mensaje 0	C
6.	Mensaje 1	
7.	Mensaje 2	
8.	Mensaje 3	
9.	Mensaje 4	
10.	Mensaje 5	

A

B

C

D

E

F

G

H

I

⏳ **HORA DE FINALIZACIÓN** ___:___

La tarea

Tienes **8 informaciones** (nombres u objetos) que debes relacionar con **palabras o enunciados,** a partir de la información de 8 audiciones de una frase en cada audición.

Las frases son **monólogos breves** y **sencillos.** Son independientes entre sí y pueden ser explicativos o descriptivos. Cada una de las frases se repite dos veces.

En el examen hay un ejemplo, que no tienes que responder, y hay 12 posibles respuestas (de la A a la L), incluido el ejemplo: hay 3 letras que no tienes que elegir.

Instrucciones y estrategias

Vas a escuchar a una chica, Alba, que habla sobre lo que quiere comprar en un centro comercial. A la izquierda, hay una lista de objetos. A la derecha, los comentarios de Alba sobre ellos. Debes relacionar cada objeto con un comentario.

0.	Libro	E	
11.	Mesa		
12.	Zapatos		
13.	Bolso		
14.	Reloj		
15.	Mapa		
16.	Pantalón		
17.	Gafas		
18.	Maleta		

A	no es muy grande.
B	se lo prueba.
C	cuesta mucho dinero.
D	es de colores.
E	es el regalo de cumpleaños.
F	no le sirve.
G	es pequeño.
H	las usa poco.
I	son rojos.
J	es útil.
K	son de color negro.
L	es necesario.

Lo primero que vamos a hacer es leer los 12 comentarios de Alba después, al escuchar los 8 audios, anotar, al lado de cada uno, la palabra o palabras relacionadas más importantes. Debes tener en cuenta que las palabras del audio pueden no coincidir con las que aparecen en las opciones (A-L).

No está la letra E porque es la que corresponde al ejemplo.

Ahora vas a escuchar el audio (pista 5) de forma activa. Normalmente, las audiciones siguen el mismo orden de las preguntas 11-18. Durante la primera audición, vas a escribir \ la palabra más importante de cada frase. Hagamos una prueba con nuestro ejemplo.

Primera frase: muy buena, pequeña, salón

Segunda frase: encantan, zapatos rojos

Tercera frase: bolso, muy bonito, demasiado pequeño

Cuarta frase: reloj, cocina, muy caro

Quinta frase: *mapa, vacaciones, no conozco el país*

Sexta frase: *pantalón, talla, probármelo*

Séptima frase: *gafas, pocas veces, cambiar, cinco años*

Octava frase: *maleta, vacaciones, negra, buena calidad*

La segunda audición puede servirte para ver si estas palabras son las más importantes. En los 5 segundos antes de la siguiente frase tienes que decidir la respuesta correcta.

Vamos a ver ahora las respuestas de este ejemplo.

En la **primera audición (n.º 11),** Alba dice que la mesa para su salón es pequeña: la respuesta es la **A** ("no es muy grande"), porque "es pequeño" (G) no se puede decir de la mesa.

En la **segunda audición (n.º 12)** son rojos **(I).** Habla de dos zapatos: los bonitos, que son los rojos, y otros más feos, que son de color negro (K).

El bolso del que habla Alba en la **tercera audición (n.º 13)** es demasiado pequeño **(G)** para poner sus cosas.

En la **cuarta audición (n.º 14),** el reloj que Alba quiere debe ser más barato, porque ese es muy caro (la respuesta es **C,** "cuesta mucho dinero").

En la **quinta audición (n.º 15),** Alba habla de un mapa que es necesario **(L),** porque no conoce el país.

En la **sexta audición (n.º 16),** al hablar del pantalón (no de los pantalones), Alba cree que es perfecto para ella, por ese motivo se lo prueba **(B)** para saber si es su talla.

En la **séptima audición (n.º 17),** se habla de unas gafas que Alba quiere cambiar por otras porque esas ya están muy usadas; tienen cinco años, pueden estar viejas. Pero lo importante de esta audición es que Alba se pone las gafas pocas veces, es decir, las usa poco **(H).**

Por último, en la **octava audición (n.º 18),** se habla de una maleta que Alba necesita: podemos decir que la maleta "es necesaria"; fíjate que la respuesta L ("es necesario") no es correcta en este caso. Podemos decir que es buena, porque es de buena calidad, y también que es útil **(J),** porque va a servirle a Alba para hacer sus viajes.

Con todo esto, las respuestas quedan así.

0.	Libro	**E**
11.	Mesa	**A**
12.	Zapatos bonitos	**I**
13.	Bolso	**G**
14.	Reloj	**C**
15.	Mapa	**L**
16.	Pantalón	**B**
17.	Gafas	**H**
18.	Maleta	**J**

A	no es muy grande.
B	se lo prueba.
C	cuesta mucho dinero.
D	es de colores.
E	regalo de cumpleaños.
F	no le sirve.
G	es pequeño.
H	las usa poco.
I	son rojos.
J	es útil.
K	son de color negro.
L	es necesario.

Al final de la tarea, tienes **40** segundos para comprobar que tienes las respuestas a las cinco preguntas.

No olvides que puedes utilizar el cuadernillo como borrador, pero debes escribir las respuestas a lápiz en la **Hoja de respuestas.**

Para practicar

- Ahora puedes hacer el ejercicio 7 de esta tarea (página 38) que se corresponde con la pista 6.

- Recuerda que en www.enclave-ele.com y en el libro digital en Blinklearning tienes las soluciones explicadas a este ejercicio y que allí vas a encontrar un modelo completo de examen que puedes hacer al final de tu preparación.

TAREA 3 Ejercicio 7

🔊 Pista 6

⏳ **HORA DE INICIO** ___:___

Instrucciones

Usted va a escuchar a un chico, Pablo, que habla sobre los meses del año. La información se repite dos veces.

A la izquierda, están los meses del año. A la derecha, la información sobre ellos. Usted tiene que relacionar los números (del 11 al 18) con las letras (de la A a la L). Hay doce letras, incluido el ejemplo. Seleccione ocho.

Tiene que marcar las opciones elegidas en la **Hoja de respuestas**.

Ahora va a escuchar un ejemplo.

El 28 de diciembre salgo a cenar fuera porque es el cumpleaños de mi novia.

La opción correcta es la letra **G**.

```
   A  B  C  D  E  F  G  H  I  J  K  L
0. ☐  ☐  ☐  ☐  ☐  ☐  ■  ☐  ☐  ☐  ☐  ☐
```

0.	Diciembre		**G**
11.	Enero		
12.	Marzo		
13.	Mayo		
14.	Junio		
15.	Agosto		
16.	Septiembre		
17.	Octubre		
18.	Noviembre		

A	empieza el curso.
B	hace viento.
C	su cumpleaños.
D	hace buen tiempo.
E	vacaciones cerca del mar.
F	viaja a Madrid.
G	cumpleaños de su novia.
H	no hace calor.
I	juega al fútbol.
J	hace deporte.
K	usa paraguas.
L	acaba el curso.

⏳ **HORA DE FINALIZACIÓN** ___:___

La tarea

Tienes **siete oraciones** que debes completar a partir de la información que se proporciona en una **conversación o monólogo.**

La conversación (o monólogo) es muy breve y trata sobre temas cotidianos. La audición se repite dos veces.

En el examen hay un ejemplo.

⚙ Instrucciones y estrategias

Lee, en primer lugar, el ejemplo y las frases incompletas de esta tarea. Subraya ✏ la palabra o palabras más importantes. De esta manera, puedes anticipar el contenido del audio. Tienes 20 segundos para hacer esto.

Ejemplo:
0. Salamanca tiene una _____ muy conocida .

19. Salamanca es una ciudad _____.
20. Salamanca es una ciudad antigua pero _____.
21. En Salamanca viven muchos _____.
22. Se pueden visitar las _____ de la ciudad par de días.
23. En la ciudad hay dos _____.
24. Las personas que viven en Salamanca pasan muchas horas en la _____.
25. Esta ciudad universitaria es un buen _____ para vivir.

Prepárate para escuchar el audio (pista 7) de forma activa. En esta tarea, la información que debes completar en las frases 19-25 se presenta en el audio de forma ordenada, es decir, en primer lugar vas a escuchar la respuesta al hueco 19, luego la del 20, la del 21, etc.

Recuerda que el audio se repite dos veces. Aprovecha la primera audición para anotar las palabras más importantes junto a las frases anteriores.

A	universidad
B	activa
C	estudiantes
D	lugar
E	moderna
F	catedrales
G	tranquila
H	monumentos
I	calle

Las palabras que escuches en la audición pueden no coincidir con las que tienes en las frases. En este ejemplo, se utiliza "pero" en la pregunta 20 y el audio emplea "sin embargo", que significa lo mismo. En la pregunta 22, aparece "un par de días"; en el audio, se habla de "fin de semana", que equivale a la misma duración de tiempo. En la pregunta 24, finalmente, se dice "las personas que viven"; en el audio, se habla de "los habitantes", que quiere decir lo mismo.

Durante la segunda audición, puedes buscar ya la información para cada uno de estos huecos.

Relaciona la información de la frase con tus notas. En algunos casos, tienes que poner una sola palabra, pero, en otros, debes poner más de una.

En la **pregunta 19,** se dice que Salamanca es una ciudad viva y **tranquila.** Esta palabra es la que debemos elegir.

En la **pregunta 20,** vemos que se afirma de Salamanca dos cosas contrarias y por eso se utiliza la forma "pero". Salamanca es antigua y lo contrario: **moderna.**

En la **pregunta 21,** sabemos que Salamanca es una ciudad universitaria, donde viven muchos **estudiantes, estudiantes universitarios** o simplemente **universitarios**.

En la **pregunta 22,** en principio, hay que buscar una palabra plural masculina (los), y la única respuesta correcta es "monumentos" (la otra palabra plural, "estudiantes" no se refiere a un edificio que se puede visitar).

En la **pregunta 23,** hay que buscar una palabra plural (catedrales o monumentos), y se trata de "catedrales", pues hay dos. Normalmente, en cada ciudad hay una sola catedral, pero algo especial de Salamanca es que tiene dos catedrales.

"Los habitantes de Salamanca viven en la calle" significa que pasan muchas horas en la calle **(pregunta 24),** que no es lo mismo que decir que no tienen casas y que viven en la calle.

Por último, en la **pregunta 25,** se dice que esta ciudad es "un lugar perfecto para vivir", y eso es lo mismo que decir que es un buen **lugar** o un buen sitio.

Para practicar

- Ahora puedes hacer el ejercicio 8 de esta tarea (página 42) que se corresponde con la pista 8.
- Recuerda que en www.enclave-ele.com y en el libro digital en Blinklearning tienes las soluciones explicadas a este ejercicio y que allí vas a encontrar un modelo completo de examen que puedes hacer al final de tu preparación.

TAREA 4 Ejercicio 8

🔊 Pista 8

⏳ HORA DE INICIO ___:___

Instrucciones

Usted va a escuchar a un hombre, Manuel, que habla sobre lo que hace todos los días. Va a escuchar la conversación dos veces.

Usted tiene siete frases (de la 19 a la 25) que no están completas. Tiene que leer las frases y seleccionar una opción del cuadro (de la A a la I) para completar las frases, como en el ejemplo.

Tiene que marcar las opciones elegidas en la **Hoja de respuestas**.

Ahora tiene 30 segundos para leer las frases.

Un día normal

Ejemplo: 0. Manuel se levanta ____ **A** ____.

A B C D E F G H I
0. ■ ☐ ☐ ☐ ☐ ☐ ☐ ☐ ☐

19. Después del desayuno, Manuel va con su hijo al _____.

20. Manuel vive en una zona mal _____.

21. Manuel va en _____ al trabajo.

22. Manuel tarda menos de una _____ en llegar.

23. A mediodía, Manuel come un _____ mientras lee el correo.

24. Por la tarde, Manuel vuelve a su _____.

25. Mientras conduce, su _____ lo llama por teléfono.

A	**temprano**
B	correo
C	mujer
D	centro
E	casa
F	coche
G	colegio
H	música
I	trabajo

⏳ HORA DE FINALIZACIÓN ___:___

La prueba de Expresión e Interacción Escritas tiene **dos tareas** y dura **25 minutos**.

- En la **tarea 1**, debes completar un **formulario** con información personal sobre temas de necesidad inmediata. Al final del formulario hay 4 preguntas que tienes que responder, con un total de 25-35 palabras.

- En la **tarea 2**, debes redactar un texto **(postal, correo electrónico, carta breve, etc.)** que debe tener entre **30-40 palabras**. Debes seguir las instrucciones que tienes: saludar (al principio), despedirte (al final) y cumplir con el objetivo que tiene la carta (pedir o dar información).

Tienes 10 minutos para hacer la primera tarea (rellenar un formulario) y otros 10 para escribir el texto de la segunda tarea.

Durante los últimos 5 minutos, vuelve a leer tus respuestas para comprobar que no hay faltas de ortografía, que los verbos que usas son correctos, que las palabras están en el género (masculino o femenino) y en el número (singular o plural) correctos y que tienes todos los datos e informaciones que te piden.

En esta prueba es muy importante:

— Tener imaginación. Es aconsejable escribir información inventada; de esta manera, no tienes ningún problema, si no recuerdas alguno de tus datos (número de pasaporte o de documento de identificación, número de cuenta) o si tienes dudas sobre la forma correcta de escribir una determinada palabra.

— Leer bien el formulario de la tarea 1 y las instrucciones de la tarea 2. En la primera tarea, recuerda que hay datos que aparecen en todos los formularios, como el nombre o el apellido. Contesta siempre con la información que te piden: no puedes poner el nombre de una ciudad en un apartado para el país. En la 2, el texto debe cumplir los objetivos que se marcan en las instrucciones, por eso es importante leerlos detenidamente.

— Escribir solo en el espacio que tienes en el cuadernillo.

La tarea

Debes completar un **formulario** con información personal sobre temas de necesidad inmediata.

Tienes **10 minutos** ⌛ aproximadamente para hacer esta tarea.

Instrucciones y estrategias

Vamos a hacer un ejemplo. Imagina que tienes las siguientes instrucciones:

Un amigo suyo decide solicitar una cuenta de correo electrónico. Ayúdele a completar el formulario de registro.

CORREOS HISPANET
Formulario de suscripción

Por favor, complete este formulario con letra clara.

Nombre: _____

Apellido(s): _____

Lugar de nacimiento: _____

Fecha de nacimiento: Día _____ / Mes _____ / Año _____

Nacionalidad: _____

N.° de pasaporte o documento de identificación: _____

Teléfono: _____

Correo electrónico: _____

Dirección:

Calle: _____ Número: _____ Piso: _____ Letra: _____

Ciudad: _____ Código Postal: _____ País: _____

Usos del correo electrónico: _____

¿Cuántos correos recibe a la semana? (5 a 10 palabras) _____

¿Cuántos correos escribe a la semana y a quién? (10 a 15 palabras)_____

¿Cuántas veces consulta el correo al día?_____

¿A qué hora consulta su correo? (5 a 10 palabras) _____

Fecha y firma

Como se dice en las instrucciones, debes escribir tus datos personales (reales o imaginarios) para contestar un formulario. Lo más importante de esta tarea es conocer el significado de las palabras y no responder cosas diferentes a las que se pregunta.

Vamos a ver qué podemos poner en nuestro ejemplo.

CORREOS HISPANET
Formulario de suscripción

Por favor, complete este formulario con letra clara

Nombre: *Peter*

Apellido(s): *Jackson*

Lugar de nacimiento: *Londres*

Fecha de nacimiento: Día *13*/ Mes *11*/ Año *1995*

Nacionalidad: *británica*

N.º de pasaporte o documento de identificación: *023477812*

Teléfono: *952 313233*

Correo electrónico: *peterjackson@lelos.net*

Calle: *Avenida de Andalucía* Número: *4* Piso: *3.º* Letra: *izquierda*

Ciudad: *Málaga* Código Postal: *29002* País: *España*

Usos del correo electrónico: *Personal y profesional.*

¿Cuántos correos recibe a la semana? (5 a 10 palabras) *Veinte o treinta correos diarios aproximadamente.*

¿Cuántos correos escribe a la semana y a quién? (5 a 10 palabras) *Quince aproximadamente. Sobre todo a mis amigos y familiares. También escribo a veces a mis compañeros de trabajo.*

¿Cuántas veces consulta el correo al día? *Cinco veces.*

¿A qué hora consulta su correo? (5 a 10 palabras) *Sobre todo por la mañana y antes de ir a dormir (23:30).*

> Si es una ciudad conocida, el **lugar de nacimiento** debes escribirlo en español. *Londres,* no *London.*

> Las **direcciones** deben escribirse siguiendo el formato español: *calle New Castle,* no *New Castle street,* por ejemplo.

> **Las horas.** También puedes poner: *Por la mañana (a las nueve), a mediodía (a las doce), después de comer (a las cuatro),* etc.

Fecha y firma
20 de octubre de 2013

Peter

Comprueba, en los últimos minutos, que no has dejado ningún hueco vacío.

Para practicar

- Ahora puedes hacer el ejercicio 9 de esta tarea (página **46**).
- Recuerda que en www.enclave-ele.com y en el libro digital en Blinklearning tienes las soluciones explicadas a este ejercicio y que allí vas a encontrar un modelo completo de examen que puedes hacer al final de tu preparación.

TAREA 1 Ejercicio 9

⌛ HORA DE INICIO ___:___

Instrucciones

Un amigo suyo quiere recibir a diario un periódico. Ayúdele a completar el formulario de suscripción.

DIARIO NOTICIAS
Formulario de suscripción

Por favor, complete este formulario con letra clara.

Nombre: _____

Lugar de nacimiento: _____

Fecha de nacimiento: Día _____ / Mes _____ / Año _____

Nacionalidad: _____

Teléfono: _____

Correo electrónico: _____

Dirección donde desea recibir el periódico:

Calle: _____ Número: _____ Piso: ____ Letra: ____

Ciudad: _____ Código Postal: _____ País: _____

Fecha de inicio de la suscripción: Día _____ / Mes _____ / Año _____

Fecha de finalización de la suscripción: Día _____ / Mes _____ / Año _____

(Las suscripciones pueden ser mensuales, trimestrales o anuales).

Número de ejemplares: _____

Forma de pago: ☐ Tarjeta   ☐ Domiciliación bancaria

Número de tarjeta / cuenta bancaria: _____

Temas que le interesan (10 a 15 palabras) _____

_____

¿Qué personas de su familia leen el periódico? (5 a 10 palabras) _____

_____

¿Quiere comprar alguna colección del periódico? _____ ¿Cuál/es? (5 a 10 palabras)_____

_____

Fecha y firma

⌛ **HORA DE FINALIZACIÓN** ___:___

INSTRUCCIONES Y ESTRATEGIAS SOBRE **LA TAREA 2** DE EXPRESIÓN ESCRITA

La tarea

Debes redactar un texto (postal, correo electrónico, carta breve, etc.) que debe tener entre **30-40 palabras**. Debes seguir las instrucciones que tienes: saludar (al principio), despedirte (al final) y cumplir con el objetivo que tiene la carta (pedir o dar información).

Tienes **10 minutos** ⧗ aproximadamente para hacer esta tarea.

Instrucciones y estrategias

Vamos a hacer un ejemplo de una tarea que puedes encontrarte. Imagina que tienes las siguientes instrucciones:

> **Instrucciones**
> Usted quiere solicitar una ayuda para sus estudios. Escriba un correo electrónico a la universidad o centro donde quiere estudiar. En él debe:
> – saludar;
> – explicar qué estudios tiene y qué desea estudiar;
> – hablar de las cosas que necesita para realizar el curso;
> – despedirse.

En primer lugar, debes elegir la fórmula que vas a utilizar para el saludo. Si la persona a la que escribes es un desconocido: "Estimado señor" o "Estimada señora".

Si se trata de una empresa, un centro deportivo o una universidad (como en este caso): "Estimados señores".

Si escribes a un familiar o a un amigo: "Querido amigo" o "Querido primo", por ejemplo.

Saludar

Estimados señores:	Línea 1	2 palabras

A continuación, pasamos a la segunda instrucción.

Explicar qué estudios tiene y qué desea estudiar

Soy un estudiante en la Universidad de Rennes y estudio español desde hace seis meses.	Línea 2 Línea 3	15 palabras

Con esto, ya tienes 17 palabras. Pasamos a la tercera instrucción.

Hablar de las cosas que necesita para realizar el curso

Quiero hacer un curso en España el próximo año y necesito una ayuda económica para pagar el viaje.	Línea 4 Línea 5	18 palabras

Después de este párrafo, ya llevas **35** palabras. Ahora solo te queda despedirte. Si la persona a la que escribes es un amigo o familiar, puedes terminar la carta con "Besos" o "Un abrazo", pero si la persona es un desconocido, debes utilizar alguna otra fórmula más formal "Un saludo", por ejemplo.

En nuestro ejemplo, también es necesario decir que esperamos una respuesta.

Despedirse

A la espera de sus noticias, reciban un saludo.	Línea 6	9 palabras

Con esto, ya hemos cumplido con todas las instrucciones del ejercicio y tenemos un número de palabras adecuado (44).

Como ves, esta tarea se hace con las fórmulas de saludo y despedida y dos párrafos breves. No olvides leer de nuevo el texto y corregir las faltas de ortografía, los verbos, el género (masculino o femenino) y el número (singular o plural).

Para practicar

- Ahora puedes hacer el ejercicio 10 de esta tarea (página 49).
- Recuerda que en www.enclave-ele.com y en el libro digital en Blinklearning tienes las soluciones explicadas a este ejercicio y que allí vas a encontrar un modelo completo de examen que puedes hacer al final de tu preparación.

TAREA 2 Ejercicio 10

⏳ **HORA DE INICIO ___:___**

Instrucciones

Usted quiere formar parte de un equipo deportivo. Escriba un correo electrónico a la dirección del equipo para presentarse. En él debe:

– saludar;
– explicar cómo es usted físicamente y qué deporte/s practica;
– hablar de los deportes que ve en el campo o en la televisión y qué equipo/s le gusta/n;
– despedirse.

Número de palabras recomendadas: entre 30 y 40.

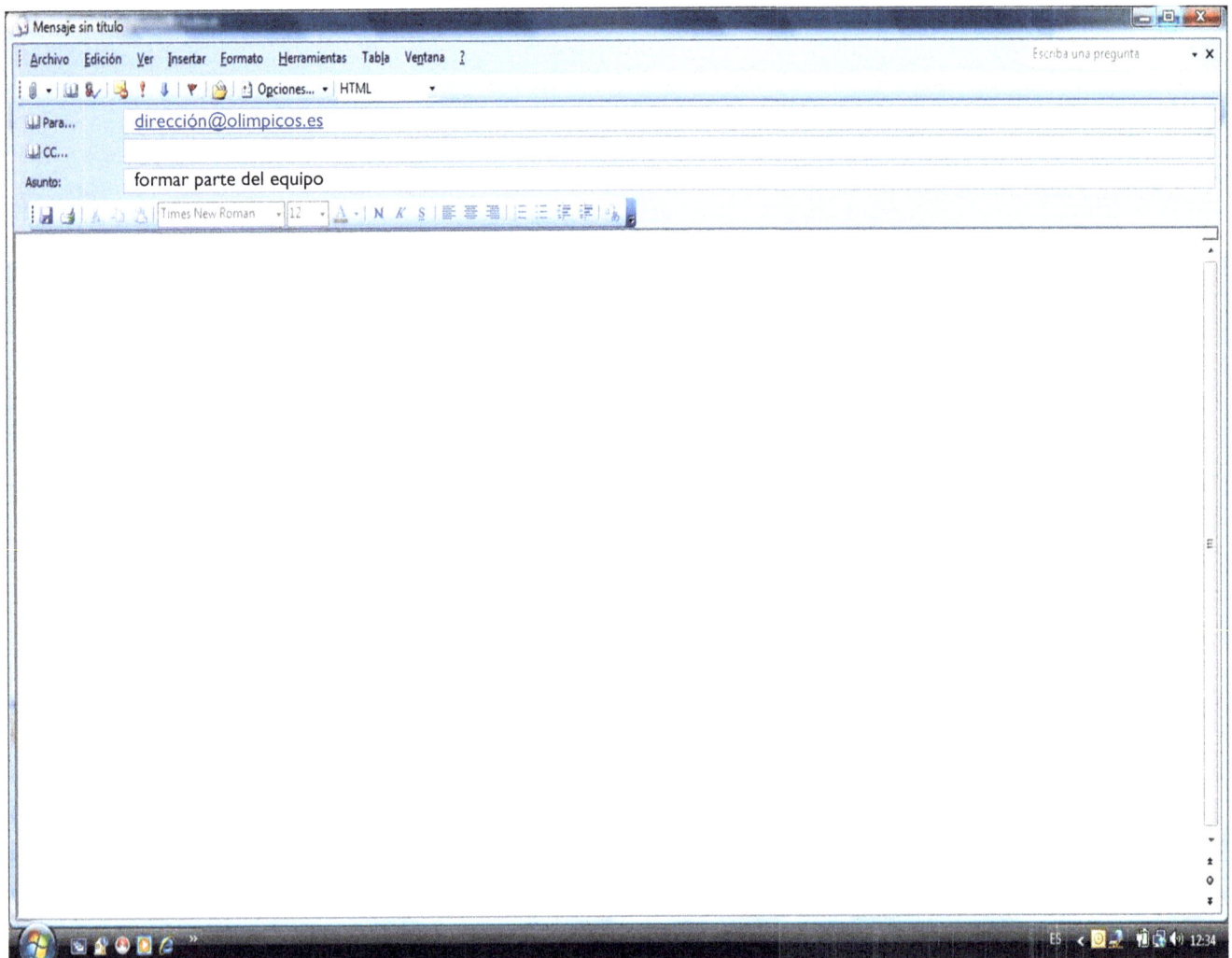

Mensaje sin título	

Archivo Edición Ver Insertar Formato Herramientas Tabla Ventana ? — Escriba una pregunta

Opciones... HTML

Para...   dirección@olimpicos.es
CC...
Asunto: formar parte del equipo

Times New Roman 12

⏳ **HORA DE FINALIZACIÓN ___:___**

IV. PRUEBA DE EXPRESIÓN E INTERACCIÓN ORALES

La prueba de Expresión e Interacción Orales tiene **tres tareas** y dura **10 minutos**.

➤ En las **tareas 1 (Presentación personal del candidato) y 2 (Exposición de un tema)**, debes dar **información básica sobre ti** y sobre tu **entorno más cercano** (identidad, personas conocidas, pertenencias, lugares, actividad académica o profesional), a partir de dos láminas que te muestra el examinador.

Tanto la **tarea 1** como la **2** son **monólogos.** Solo vas a hablar tú. En el caso de la **tarea 1**, vas a hablar durante **1 o 2 minutos**; en el caso de la **tarea 2**, tu exposición debe tener una duración de **2 o 3 minutos** y debes **elegir tres** de las **cinco opciones** que aparecen en las láminas.

➤ En la **tarea 3 (Conversación con el entrevistador)**, debes **conversar** con el **entrevistador sobre el tema de tu exposición** (tarea 2). Al final de la conversación, tienes que hacerle dos preguntas relacionadas con el tema a tu entrevistador; estas preguntas las puedes preparar durante los minutos anteriores a la prueba de expresión e interacción orales. La conversación va a durar **3 o 4 minutos**.

Para preparar las dos primeras tareas, vas a tener 10 minutos; durante este tiempo, debes escribir en un papel las ideas que después vas a exponer en el examen. Durante el examen, puedes consultar tus hojas.

Al preparar la primera y segunda tarea, anota el vocabulario sobre los temas de los que vas a hablar. Lo vas a necesitar cuando el entrevistador te pregunte en la tarea 3.

En las 3 tareas, tienes que hablar de manera fluida, es decir, ni demasiado rápido ni tampoco demasiado lento; tienes que hacerlo de forma natural, con claridad y mucha tranquilidad, porque todos los temas sobre los que vas a hablar son fáciles y conocidos para ti.

Finalmente, no olvides que el error es natural. Lo más importante en esta prueba es demostrar que sabes transmitir mensajes claros cuando hablas de ti mismo y de lo que te rodea (tu trabajo, tu familia, tu ciudad, etc.).

INSTRUCCIONES Y ESTRATEGIAS SOBRE **LA TAREA 1** DE EXPRESIÓN E INTERACCIÓN ORALES

La tarea

Presentación personal del candidato. Durante 1 o 2 minutos debes dar información básica sobre ti y sobre tu entorno más cercano (identidad, personas conocidas, pertenencias, lugares, actividad académica o profesional), a partir de una lámina que te muestra el examinador.

⚙ **Instrucciones y estrategias**

En primer lugar, recuerda que, antes de empezar el examen, tienes 10 minutos para preparar esta tarea y la siguiente. Utiliza este tiempo para repasar y anotar las palabras y las frases más habituales en una presentación personal. Intenta utilizar bien los verbos y el resto del vocabulario, pero, sobre todo, lo más importante es demostrar que puedes hablar sobre ti mismo durante más de un minuto, a partir de un esquema o guion.

Esta es la primera tarea, el primer encuentro con el entrevistador. No olvides saludar "hola", "buenos días", "buenas tardes".

El entrevistador va a ayudarte a entender cómo debes realizar la prueba. Si no entiendes u oyes bien algo, puedes pedir que te lo repita "Perdona/e, ¿puede/s repetir, por favor?". Pero recuerda que esta tarea no es un diálogo, debes hablar tú únicamente. Mira al entrevistador que te examina mientras le cuentas quién eres, en qué trabajas, dónde vives, etc.

Vamos a hacer un ejemplo de esta tarea. Imagina que te encuentras una lámina como la que te proponemos a continuación.

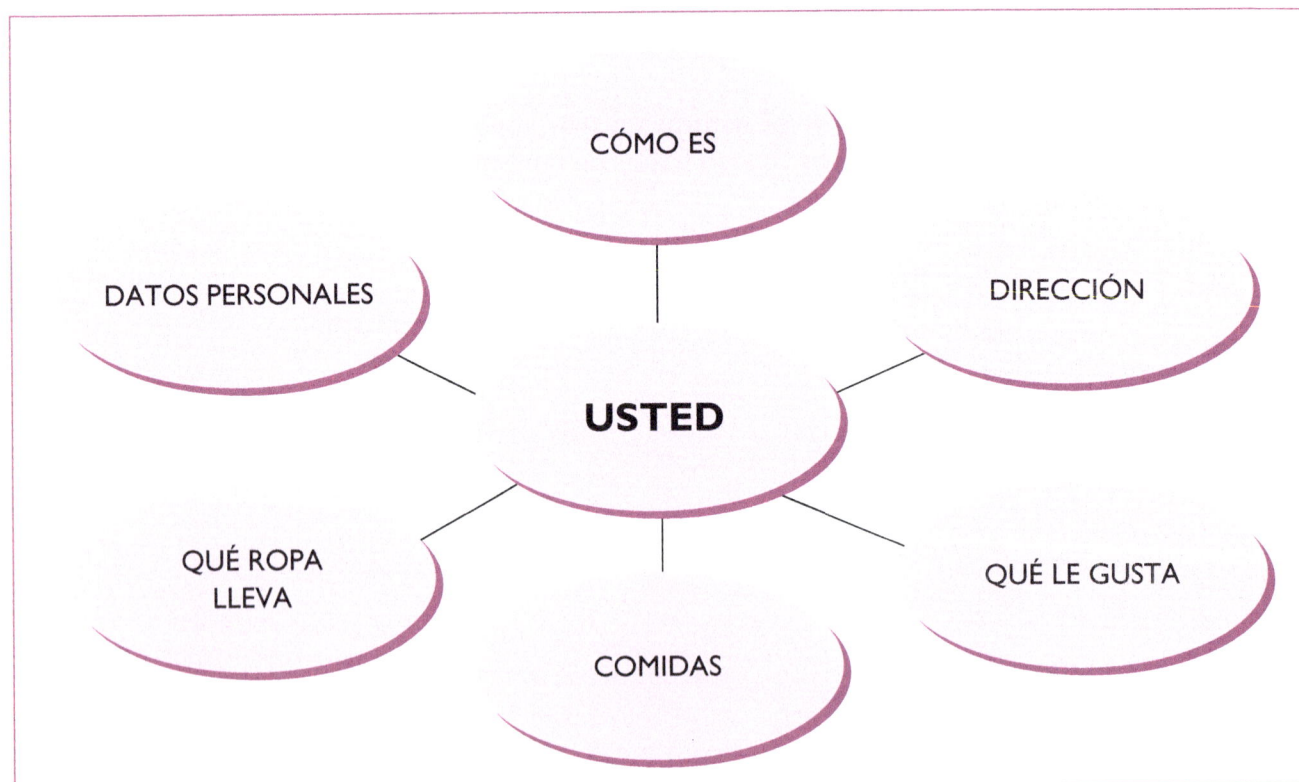

Escribe primero un esquema con palabras clave, tacha, piensa cuál es el mejor momento para introducir cada información. Estas notas que te mostramos a continuación pueden servirte de ejemplo.

Cómo soy: tímido, serio, ~~casado,~~ responsable

Dirección: ciudad, calle

Datos personales: me llamo, soy, ~~vivo,~~ edad, casado

Ropa que utilizo: traje y corbata para trabajar; vaqueros y jersey los fines de semana. No me gusta llevar paraguas.

Qué me gusta: ~~comida mexicana tacos,~~ amigos, tenis, ver televisión, escuchar música, no me gusta: ir de compras

Comidas: a medio día menú del día. Por la noche, cena ligera en casa. Los fines de semana restaurantes mexicanos (tacos con pollo, nachos con guacamole) y peruanos.

Lo normal, en este caso, es empezar por tus datos personales y tu dirección. Esto es lo habitual cuando nos presentamos. Luego, puedes hablar de tu carácter y personalidad. Después, ya puedes hablar del resto de los aspectos que se recogen en esta lámina.

Di siempre lo más importante al principio y deja, para un segundo momento, las informaciones menos necesarias. Por ejemplo: es más importante saber la edad y la profesión que el estado civil (soltero/a, casado/a...).

Con todo esto, puedes hacer ya un esquema ordenado con verbos y preposiciones. Estas notas pueden convertirse en una ayuda muy útil durante el examen. Recuerda que puedes mirarlas, aunque no leerlas, si se te olvida algo. Utiliza formas como "y", "o", "porque", "pero", "también", etc.

Me llamo Peter, tengo 37 años, estoy casado.

Vivo en la ciudad/calle..., con mi familia, lejos de la oficina donde trabajo.

Soy serio, un poco tímido, responsable.

Me gusta mucho salir con mi familia y amigos; practico deporte (tenis); a veces, veo películas en la tele y me encanta la música clásica.

PERO no me gusta ir de compras.

Me gusta la ropa cómoda (vaqueros, jerseys), pero, cuando voy a trabajar, llevo traje y corbata. No me gusta llevar paraguas.

Comidas: de lunes a viernes, menú del día. Por las noches ceno algo ligero en casa. Me encanta la comida mexicana y también la peruana.

Finalmente, recuerda que tienes que hablar de forma natural; tus datos (nombre, edad, nacionalidad) deben ser verdaderos) y debes pronunciarlos de forma clara.

Para practicar

➢ Ahora puedes hacer el ejercicio 11 de esta tarea (página 53).
➢ Recuerda que en www.enclave-ele.com y en el libro digital en Blinklearning vas a encontrar un modelo completo de examen que puedes hacer al final de tu preparación.

TAREA 1 Ejercicio 11

PRESENTACIÓN PERSONAL DEL CANDIDATO

Instrucciones

Usted tiene que preparar su presentación personal para hablar **1 o 2 minutos** aproximadamente.

Tiene que hablar sobre los siguientes aspectos:

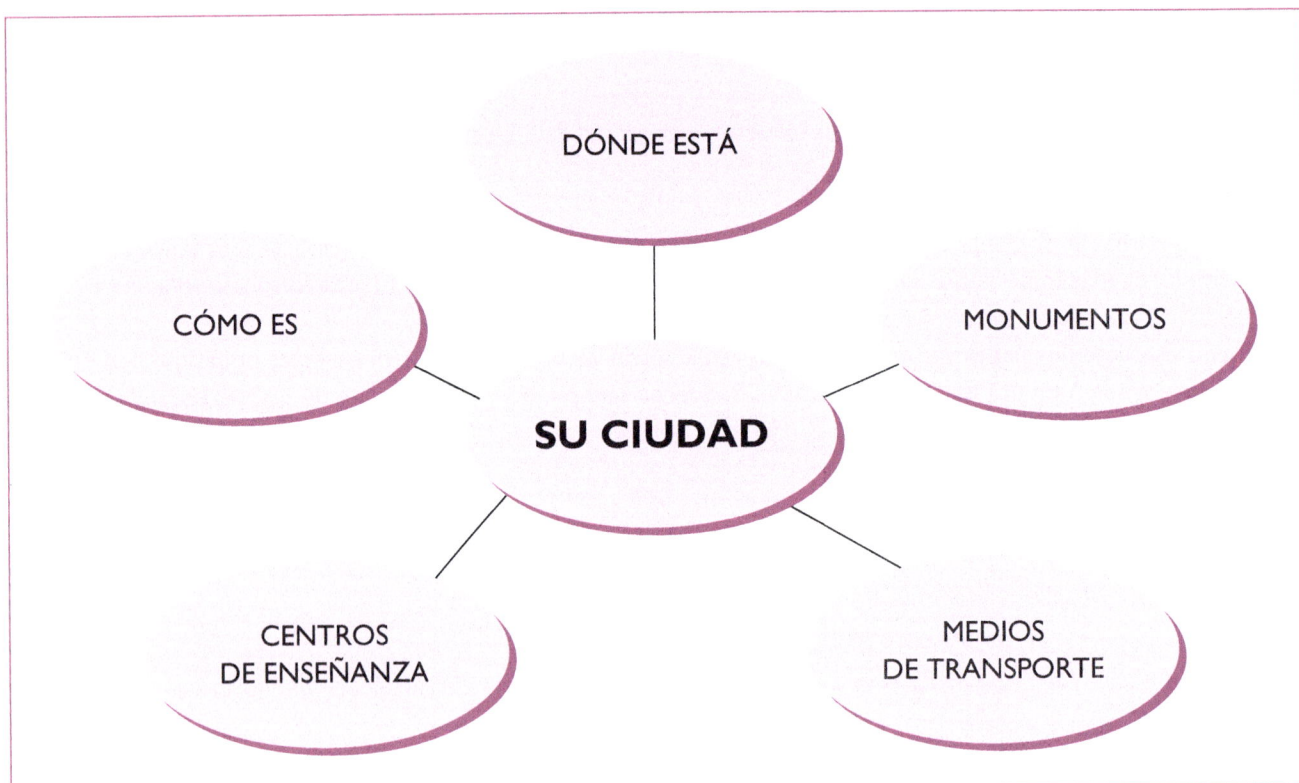

INSTRUCCIONES Y ESTRATEGIAS SOBRE LA TAREA 2
DE EXPRESIÓN E INTERACCIÓN ORALES

La tarea

Exposición de un tema. Durante 2 o 3 minutos, debes dar información básica sobre ti y sobre tu entorno más cercano (identidad, personas conocidas, pertenencias, lugares, actividad académica o profesional), a partir de una lámina que te muestra el examinador. Debes elegir tres de las cinco opciones que aparecen en la lámina.

Instrucciones y estrategias

En primer lugar, recuerda que, antes de empezar el examen, tienes diez minutos para preparar la tarea anterior y esta. Utiliza este tiempo para repasar y anotar las palabras y las frases más habituales en una presentación personal. Intenta utilizar bien los verbos y el resto del vocabulario, pero, sobre todo, lo más importante es demostrar que puedes hablar sobre ti mismo durante más de un minuto, a partir de un esquema o guión.

Vamos a hacer un ejemplo de esta tarea. Imagina que te encuentras una lámina como la que te proponemos a continuación.

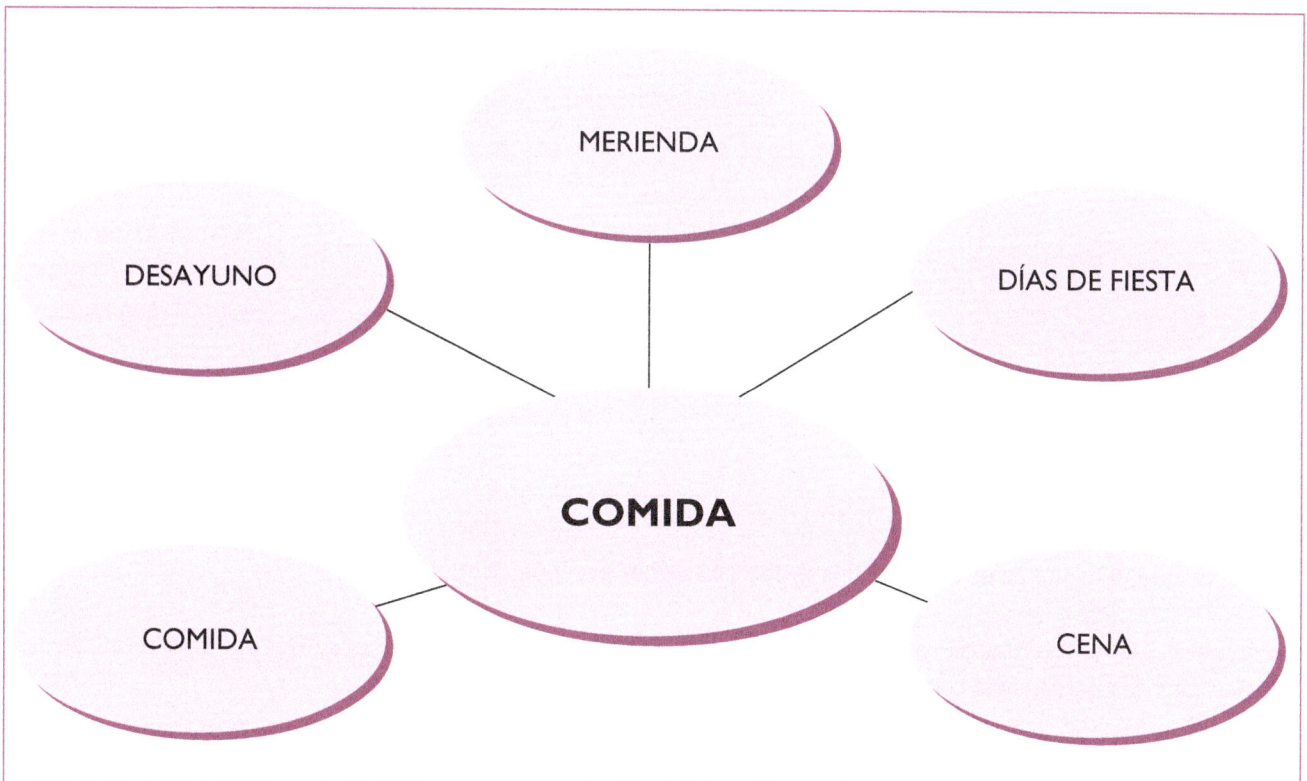

MERIENDA

DESAYUNO

DÍAS DE FIESTA

COMIDA

COMIDA

CENA

Puede hablar de:
- ¿A qué hora come?
- ¿Qué come?
- ¿Dónde y con quién?
- ¿Cuál es su comida favorita?
- ¿Qué plato le gustaría probar?

Como debes elegir tres de las cinco opciones que se presentan, elige los temas que sean más fáciles para ti. Imagina que, en este caso, eliges los temas de "desayuno", "comida" y "cena".

Recuerda también que, en la parte inferior de la lámina, tienes un cuadro con algunas preguntas a las que debes contestar en tu exposición (en este caso, "a qué hora come", "qué come", "dónde y con quién", "cuál es su comida favorita" y "qué plato le gustaría probar"). Además, a cualquiera de tus respuestas, puedes añadirle la causa o razón (por ejemplo, "desayuno a las 7:30 porque tengo que salir de casa a las 8").

Con todo esto, a partir de nuestro ejemplo, puedes hacer el siguiente esquema.

	Hora	Dónde	Con quién	Qué
Desayuno	7:30 porque salgo de casa a las 8:00 para ir a trabajar	casa	familia	café, zumo, tostadas
Comida	1:30	cerca del trabajo porque no tengo tiempo para ir a casa	compañeros	menú del día
Cena	9 de lunes a jueves 9:30 o 10:00, fines de semana	casa, de lunes a jueves restaurante, fines de semana restaurantes mexicanos	familia, de lunes a jueves familia y amigos, los fines de semana	en casa: ensalada, tortilla, verdura, pescado. Algo ligero, porque no me gusta cenar mucho fin de semana, fajitas con pollo, nachos, guacamole

Recuerda que el esquema es siempre una ayuda. No tienes por qué contar todo.

En la tarea 3, el entrevistador te va a hacer preguntas a partir de la tarea 2. Piensa que en esta tarea 3 vas a aprovechar para contar más cosas.

(**Para practicar**)

➤ Ahora puedes hacer el ejercicio 12 de esta tarea (página 58).
➤ Recuerda que en www.enclave-ele.com y en el libro digital en Blinklearning vas a encontrar un modelo completo de examen que puedes hacer al final de tu preparación.

INSTRUCCIONES Y ESTRATEGIAS SOBRE LA TAREA 3
DE EXPRESIÓN E INTERACCIÓN ORALES

La tarea

➤ **Conversación con el entrevistador**. Durante **3 o 4 minutos**, debes conversar con el entrevistador sobre tu **presentación** y **exposición**.

Instrucciones y estrategias

El entrevistador te va a explicar, antes de empezar, qué es lo que tienes que hacer.

Siguiendo con nuestro ejemplo, imagina que vas a hablar con tu entrevistador sobre tus comidas (desayunos, comidas y cenas).

Vamos a imaginar tres posibles conversaciones con preguntas y respuestas. Lo que te damos es solo una propuesta. Hay otras muchas posibilidades.

Tema: los desayunos.
Entrevistador: Voy a hacerte preguntas sobre los temas de la tarea 2: desayunos, comidas y cenas.
¿Desayunas siempre café, zumo y tostadas?
Tú: De lunes a viernes, sí. Los fines de semana, no. Los sábados y los domingos desayuno huevos con salchichas y patatas. / Sí, siempre desayuno lo mismo. Los días de fiesta también.
Entrevistador: ¿Crees que es importante desayunar bien?
Tú: Sí, creo que es muy importante desayunar bien porque necesitamos energía para todo el día. / No, creo que no es muy importante desayunar bien.
Entrevistador: ¿Cuánto tiempo tardas en desayunar?
Tú: De lunes a viernes, desayuno en diez minutos. Los fines de semana tardo veinte.

Tema: las comidas.
Entrevistador: Vamos a hablar ahora sobre las comidas. Dices que tomas el menú del día. ¿Qué tiene el menú del día?
Tú: El menú del día tiene primer plato, segundo plato, bebida y postre.
Entrevistador: ¿Siempre comes el menú del día?
Tú: Sí, siempre tomo menú del día porque es barato y muy bueno. / No, a veces, pido un sándwich o una hamburguesa con patatas o ensalada.
Entrevistador: ¿Cuánto cuesta el menú del día/el sándwich/la hamburguesa?
Tú: 9,50 euros. / El sándwich cuesta 5 euros/la hamburguesa cuesta 6.
Entrevistador: ¿Comes en un bar o en un restaurante?
Tú: Normalmente, como en un bar. Hay un restaurante cerca del trabajo, pero es muy caro.

Tema: las cenas.

Entrevistador: Finalmente, voy a preguntarte sobre las cenas. Dices que, de lunes a jueves, cenas en casa y los fines de semana sales a cenar fuera, a un restaurante. ¿A qué tipo de restaurante vas?

Tú: Me gustan mucho los restaurantes mexicanos. También me gustan los restaurantes peruanos.

Entrevistador: Te gustan los restaurantes mexicanos. ¿Te gustan las fajitas?

Tú: Sí, me gustan mucho las fajitas, sobre todo, con pollo. / No, prefiero los nachos con guacamole.

Entrevistador: ¿Con qué personas de tu familia sales a cenar?

Entrevistador: Bueno, siempre voy con mi mujer. A veces vienen también su hermana y su marido. Otras veces, salimos con mi hermano, que está soltero, y con sus amigos.

Recuerda que es importante que, en los primeros 10 minutos de preparación de las tareas 1 y 2, anotes también léxico concreto sobre estos temas. Puedes necesitarlo durante esta tarea.

Es importante que, en las tareas de Expresión e Interacción Orales, utilices información verdadera sobre ti. Esta tercera tarea puede ser complicada, si inventas los datos.

Habla de manera fluida. No te pares si de repente no recuerdas una palabra, utiliza otra o explica lo que quieres decir.

Al final de las preguntas del entrevistador, tienes que hacerle dos preguntas a él. Por ejemplo, en este caso, puedes tener preparadas las siguientes dos preguntas:

- ¿Cuál es su/tu comida favorita?
- ¿A qué hora desayuna/s?

Para practicar

➤ Ahora puedes hacer el ejercicio 13 de esta tarea (página 58).
➤ Recuerda que en www.enclave-ele.com y en el libro digital en Blinklearning vas a encontrar un modelo completo de examen que puedes hacer al final de tu preparación.

TAREA 2 Ejercicio 12

EXPOSICIÓN DE UN TEMA

Instrucciones

Usted tiene que seleccionar **tres** de las cinco opciones para hablar durante **2 o 3 minutos**.

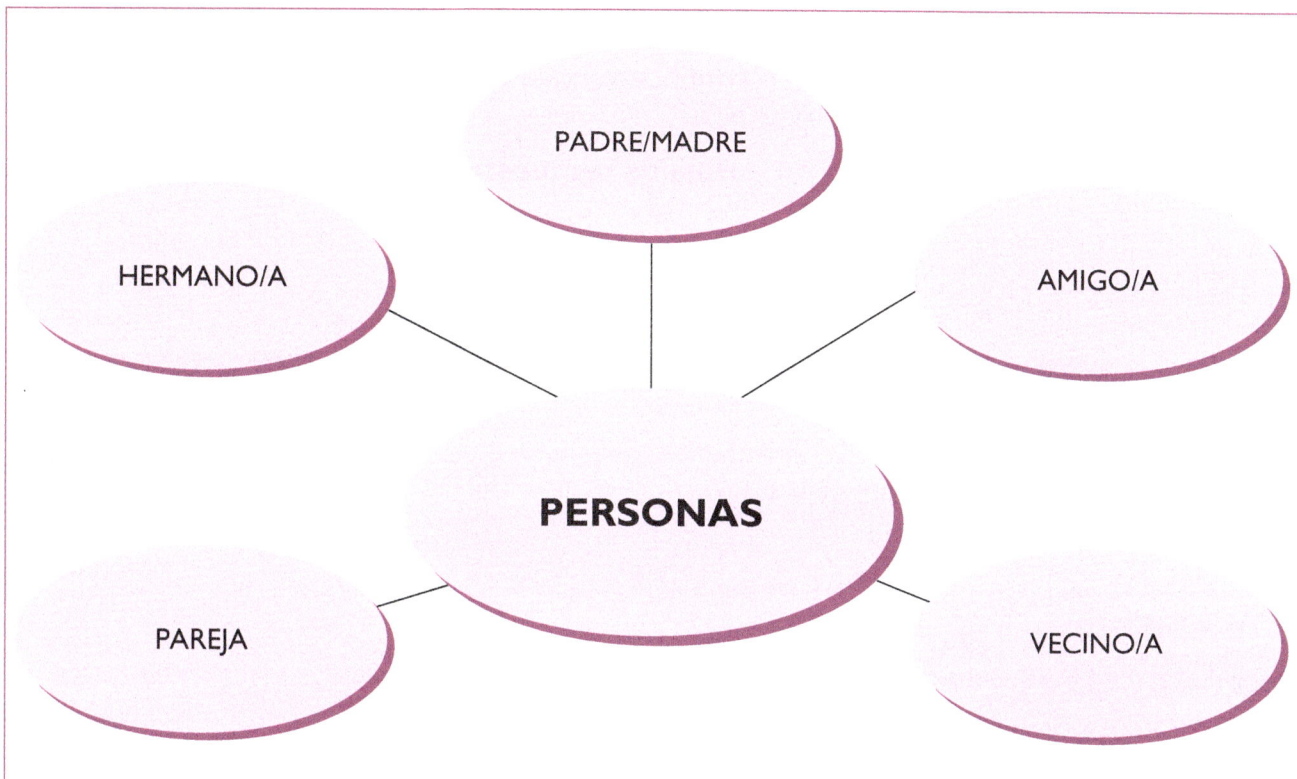

PADRE/MADRE

HERMANO/A

AMIGO/A

PERSONAS

PAREJA

VECINO/A

Puede hablar de:
- ¿Cómo se llaman?
- ¿Cómo son?
- ¿A qué se dedican?
- ¿Qué le gusta hacer con ellos?
- ¿Cuándo los ve?

TAREA 3 Ejercicio 13

CONVERSACIÓN CON EL ENTREVISTADOR

Instrucciones

El entrevistador le va a hacer unas preguntas sobre el tema de la Tarea 2. Luego usted tiene que hacer dos preguntas al entrevistador sobre el tema del que están hablando.

COMPRENSIÓN DE LECTURA

Esta **prueba** tiene **4 tareas**.
Usted tiene que responder a 25 preguntas.
La duración es de 45 minutos.

TAREA 1 Ejercicio 14

⏳ **HORA DE INICIO** ___:___

Instrucciones

Usted va a leer un correo electrónico. A continuación tiene que leer las preguntas (de la 1 a la 5) y seleccionar la opción correcta (A, B o C).

Tiene que marcar la opción elegida en la **Hoja de respuestas**.

```
   A  B  C
0. ☐  ☐  ☐
```

Mensaje sin título

Archivo Edición Ver Insertar Formato Herramientas Tabla Ventana ?   Escriba una pregunta   ▾ ✕

🖇 ▾ | 🔲 📇 | 🍃 ❗ ⬇ ▼ | 🏠 | ᴥ Opciones... ▾ | HTML   ▾

Para...   luis@gmail.com
CC...
Asunto: favor

🖫 🖨 | 🔺 ▾ ▾ 🔺 | Times New Roman ▾ | 12 ▾ | 🔺 ▾ | N K S | ▤ ▤ ▤ | ⋮≡ ⋮≡ ⋰≡ ⋰≡ | ᴗ ▾

Hola, Luis:

¿Qué tal estás? ¡Cuánto tiempo sin escribirte!, ¿no? Mi vida sigue tan agitada como siempre. ¿Cómo está tu familia? Me imagino que tu niño está cada día más grande; espero quedar contigo un día para poder verlo, pero no puede ser este mes porque todos los fines de semana voy a estar de viaje.

¿Cómo te va en el trabajo? Yo sigo en la misma empresa farmacéutica desde hace cuatro años; estoy muy contenta porque, desde hacer un año, soy mi propia jefa, pero cada vez tengo más trabajo y casi todos los fines de semana tengo alguna reunión.

Bueno, yo te escribo para pedirte un favor, como siempre. Mi hermano, que vive en Sudáfrica, viaja a Madrid para participar en un congreso de medicina. Pero no voy a poder recibirlo en el aeropuerto porque esta semana tenemos una reunión en La Coruña y no puedo pedir vacaciones para estar con él.

Llega el próximo jueves y vas a reconocerlo fácilmente porque somos muy parecidos: es alto, moreno, fuerte, lleva gafas y barba.

Dime si puedo contar contigo. Espero tu respuesta. Un abrazo,

Kaki

ES ◂ 🔲 🔲 📶 📳 🔊 12:34

Preguntas

1. Kaki le escribe a Luis para…
   A) hablarle de su familia.
   B) pedirle ayuda.
   C) invitarlo a un viaje.

2. Kaki, según este correo…
   A) le escribe muchas veces a Luis.
   B) tiene mucho trabajo siempre.
   C) no encuentra un buen trabajo.

3. El hermano de Kaki…
   A) asiste a un congreso en Madrid.
   B) desde hace años vive en La Coruña.
   C) tiene una reunión en La Coruña.

4. El hermano de Kaki llega en…
   A) autobús.
   B) avión.
   C) coche.

5. El hermano de Kaki…

A)

B)

C)

⧖ **HORA DE FINALIZACIÓN** ___:___

COMPRENSIÓN DE LECTURA

TAREA 2 Ejercicio 15

⏳ **HORA DE INICIO** ___:___

Instrucciones

Usted va a leer unos mensajes. Tiene que relacionar los mensajes (A-J) con las frases (de la 6 a la **11**). Hay diez mensajes, incluido el ejemplo. Tiene que seleccionar seis.

Tiene que marcar las opciones elegidas en la **Hoja de respuestas**.

Ejemplo:

Frase 0: Información de medios de transporte.

La opción correcta es la **C**, porque se puede ir en autobús.

```
   A B C D E F G H I J
0.☐ ☐ ■ ☐ ☐ ☐ ☐ ☐ ☐ ☐
```

OFERTA VÁLIDA **desde el 23 de noviembre** **hasta el 15 de enero,** **en toda la selección de** **gafas Kaki de** **Óptica 3000** **A**	**Lávese las manos** **frecuentemente con jabón** **(durante 15-20 segundos)** **y, sobre todo,** **antes de comer** **y después de trabajar.** **B**

Cómo llegar.
Desde Madrid A6, salida 19.
Desde M-50, salida 82
Parque Empresarial.
Autobús n.º 625
desde la estación
de autobuses de Moncloa.

C

Si aún no tienes
la tarjeta de crédito
Sinunduro,
pídela gratis en cualquier
oficina de correos.

D

Precio único.
Una bebida, un postre
y más de quince platos.
Abierto todos los días
de 13:00 a 16:00 horas.
Buffet Libre Los Olivos.

E

Colecciona las
Recetas de familia.
Puedes encontrar más
recetas en
www.tucocina.chi

F

Con motivo del puente
por el Día de Todos los Santos,
el centro va a permanecer
cerrado
hasta el próximo lunes.

G

Por la compra de
un pollo
le regalamos
media docena de huevos.

H

Prohibido usar
el ascensor a los menores
de diez años
si no van acompañados
de una persona mayor.

I

No dibujen
en las mesas
ni en las sillas.

J

	FRASES	MENSAJES
0.	Información de medios de transporte.	**C**
6.	Oferta en la carnicería.	
7.	Medida de limpieza e higiene.	
8.	Los niños no pueden ir solos.	
9.	Hay que cuidar los muebles.	
10.	No abre el fin de semana.	
11.	No cuesta dinero tenerla.	

⏳ **HORA DE FINALIZACIÓN** ___:___

COMPRENSIÓN DE LECTURA

TAREA 3 Ejercicio 16

⏳ HORA DE INICIO ___:___

Instrucciones

Usted va a leer unos anuncios con ofertas de trabajo. Tiene que relacionar los anuncios (A-J) con los textos (del 12 al 17). Hay diez anuncios, incluido el ejemplo. Seleccione seis.

Tiene que marcar la opción elegida en la **Hoja de respuestas.**

Ejemplo:

Texto 0: Este año acabo de licenciarme en Derecho y también me gustan mucho las lenguas.

La opción correcta es la letra **A.**

```
   A  B  C  D  E  F  G  H  I  J
0. ■  □  □  □  □  □  □  □  □  □
```

A

Abogado
Empresa de productos de alimentación con tiendas en el extranjero necesita abogado con conocimientos de idiomas.

B

Médico
El Hospital de las Luces necesita un médico de familia para visitar a domicilio a nuestros pacientes y realizar consultas a los enfermos del hospital.

C

Camarero
Se necesitan camareros para los fines de semana en el bar La Perla. Horario de trabajo: solo tardes.

D

Guía
Necesitamos guía turístico para visitar los principales monumentos de la ciudad con grupos de turistas extranjeros. Imprescindible hablar inglés.

E

Secretaria
Necesitamos secretaria de dirección para empresa de turismo. Imprescindible conocer programas informáticos y hablar idiomas.

F

Taxista
Se necesitan conductores de taxi con coche propio y 2 años de experiencia con carné de conducir B1. Zona del aeropuerto.

G

Estrella de cine
Buscamos a la protagonista de nuestra próxima película. Si te gusta el mundo del cine, puedes llegar a ser una estrella.

H

Cajeros/as
Por la próxima apertura de supermercado, necesitamos cajeros/as. El trabajo es 5 días a la semana, en horario de mañana o tarde.

I

Profesor
Academia El Suspense. Buscamos profesores para todas las asignaturas de primaria y secundaria.

J

Dependiente
Necesitamos chicos/as jóvenes como dependientes en tienda de ropa juvenil. No es necesario tener experiencia.

TEXTOS		OFERTAS DE TRABAJO

0. Este año acabo de licenciarme en Derecho y también me gustan mucho las lenguas.

A

12. Me gusta enseñar a niños y adolescentes, sobre todo, me gusta hacer con ellos ejercicios de matemáticas y problemas.

13. Creo que lo más bonito de mi trabajo es pasar todo el día en las calles de la ciudad, no estar en una oficina quieto y conocer a mucha gente, pero no me gustan los semáforos y los atascos.

14. Como estudio, tengo los fines de semana libres y quiero ganar un poco de dinero para mis gastos.

15. Estudio arte dramático, de vez en cuando hago alguna obra de teatro, pero mi máximo deseo es poder trabajar algún día con un director famoso y ganar un Goya… o un Óscar.

16. Me gusta mucho el mundo de la moda, siempre veo revistas para saber qué pantalones o qué camisas se llevan.

17. Me encanta trabajar en una oficina, escribir cartas y correos electrónicos en el ordenador, en español y, a veces, en alemán y otras en inglés.

⏳ **HORA DE FINALIZACIÓN** ___:___

COMPRENSIÓN DE LECTURA

⏳ HORA DE INICIO ___:___

Instrucciones

Usted va a leer el menú de Fernando para esta semana. A continuación, tiene que leer las preguntas (de la 18 a la 25) y seleccionar la opción correcta (A, B o C).

Tiene que marcar las opciones elegidas en la **Hoja de respuestas**.

MENÚ DE LA SEMANA
(27-31 de agosto de 2021)

	Lunes	Martes	Miércoles	Jueves	Viernes
Desayuno	café con leche	café solo	té	café con leche	café cortado
Comida	huevos fritos	tortilla	espaguetis	ensalada	verdura
	hamburguesa	carne	pescado	paella de pollo	carne
Cena	sopa de pescado	verdura	sopa de verduras	ensalada de arroz	sándwich
	fruta	pescado	hamburguesa	fruta	

PREGUNTAS

18. A mediodía, el martes, de primero, Fernando come _____.
    A) carne.
    B) tortilla.
    C) verdura.

19. Antes del postre, Fernando el jueves cena _____.
    A) fruta.
    B) ensalada.
    C) paella de pollo.

20. La cena del _____ Fernando toma verdura.
    A) martes.
    B) miércoles.
    C) jueves.

21. Fernando desayuna lo mismo el lunes y el _____.
    A) martes.
    B) jueves.
    C) viernes.

22. Fernando cena sopa _____ esta semana.
    A) dos veces.
    B) una vez.
    C) tres veces.

23. Fernando come paella el _____.
    A) lunes.
    B) jueves.
    C) viernes.

24. De segundo, el martes, Fernando cena _____.
    A) carne.
    B) tortilla.
    C) pescado.

25. Dos días, a mediodía, Fernando come _____.
    A) verdura.
    B) ensalada.
    C) carne.

⧗ **HORA DE FINALIZACIÓN** ___:___

COMPRENSIÓN AUDITIVA

Esta **prueba** tiene **4 tareas**.
Usted tiene que responder a 25 preguntas.
La duración es de 20 minutos.

TAREA 1 🔊 Pista 9 Ejercicio 18

Instrucciones

⌛ **HORA DE INICIO** ___:___

Usted va a a escuchar cinco conversaciones. Hablan dos personas. Las conversaciones se repiten dos veces. Hay una pregunta y tres imágenes (A, B y C) para cada conversación. Tiene que seleccionar la imagen que responde a la pregunta.

Tiene que marcar las opciones elegidas en la **Hoja de respuestas**.

Ahora va a escuchar un ejemplo.

0. ¿Cómo está Marga?

    A   B   C

La opción correcta es la letra **A**.

    A B C
0. ■ ☐ ☐

1. ¿A qué hora termina de trabajar?

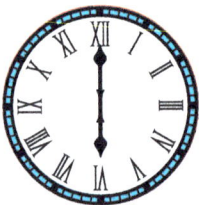  

    A   B   C

2. ¿En qué quiere viajar?

    A   B   C

3. ¿Dónde está el teléfono?

A

B

C

4. ¿Qué va a comer?

A

B

C

5. ¿A dónde van esta noche?

A

B

C

⏳ **HORA DE FINALIZACIÓN** ___:___

COMPRENSIÓN AUDITIVA

TAREA 2 🔊)) Pista 10 Ejercicio 19

⏳ **HORA DE INICIO** ___:___

Instrucciones

Usted va a escuchar cinco mensajes. Cada mensaje se repite dos veces. Tiene que relacionar las imágenes (de la A a la I) con los mensajes (del 6 al 10). Hay nueve imágenes, incluido el ejemplo. Seleccione cinco.

Tiene que marcar las opciones elegidas en la **Hoja de respuestas**.

Ahora va a escuchar un ejemplo. Atención a las imágenes.

Mensaje 0: Hace mucho frío.

La opción correcta es la letra **F.**

```
   A  B  C  D  E  F  G  H  I
0.□  □  □  □  □  ■  □  □  □
```

Mensajes		Imágenes
0.	Mensaje 0	F
6.	Mensaje 1	
7.	Mensaje 2	
8.	Mensaje 3	
9.	Mensaje 4	
10.	Mensaje 5	

A

B

C

D

E

F

G

H

I

⏳ **HORA DE FINALIZACIÓN** ___:___

COMPRENSIÓN AUDITIVA

TAREA 3 🔊 Pista 11 Ejercicio 20

⏳ HORA DE INICIO ___:___

Instrucciones

Usted va a escuchar un informativo turístico sobre diferentes ciudades y países españoles e hispanoamericanos. La información se repite dos veces. A la izquierda, están las ciudades. A la derecha, la información sobre ellas. Usted tiene que relacionar los números (del 11 al 18) con las letras (de la A a la L). Hay doce letras, incluido el ejemplo. Seleccione ocho.

Tiene que marcar las opciones elegidas en la **Hoja de respuestas**.

Ahora va a escuchar un ejemplo.

Para hoy se espera nieve en los barrios más altos de Barcelona y puede nevar al nivel del mar.

La opción correcta es la letra **B**.

```
     A B C D E F G H I J K L
0. □ ■ □ □ □ □ □ □ □ □ □ □
```

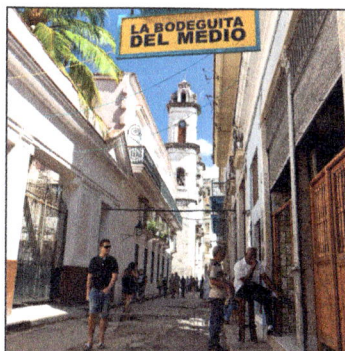

0.	Barcelona	**B**
11.	Madrid	
12.	Managua	
13.	México	
14.	La Habana	
15.	Lima	
16.	Buenos Aires	
17.	Santiago de Chile	
18.	Bolivia	

A	lluvia
B	nieve
C	bebidas tradicionales
D	turistas
E	museo
F	aeropuerto
G	biblioteca
H	concierto
I	hay pocos taxis
J	hace sol
K	viento
L	catedral

⏳ HORA DE FINALIZACIÓN ___:___

COMPRENSIÓN AUDITIVA

TAREA 4 🔊 Pista 12 Ejercicio 21

⏳ **HORA DE INICIO** ___:___

Instrucciones

Usted va a escuchar a un hombre, Juan Fernández, que habla sobre su vida. Va a escuchar la audición dos veces.

Usted tiene siete frases (de la 19 a la 25) que no están completas. Tiene que leer las frases y seleccionar una opción del cuadro (de la A a la I) para completar las frases, como en el ejemplo.

Tiene que marcar las opciones elegidas en la **Hoja de respuestas**.

Ahora tiene 30 segundos para leer las frases.

Juan Fernández

Ejemplo:

0. Juan Fernández tiene ____ **A** ____ años.

A B C D E F G H I

0. ■ □ □ □ □ □ □ □ □

19. Juan Fernández es _____.

20. Juan Fernández no tiene trabajo _____ casa.

21. Este hombre vive en un _____.

22. Juan Fernández _____ muy temprano.

23. Cuando tiene dinero, Juan _____ por teléfono con su familia.

24. Juan Fernández duerme en una _____.

25. Juan Fernández quiere ser _____.

A	45
B	bocadillos
C	aeropuerto
D	se levanta
E	piloto
F	silla
G	novia
H	pintor
I	dinero

⏳ **HORA DE FINALIZACIÓN** ___:___

EXPRESIÓN ESCRITA

Esta **prueba** tiene **2 tareas**.
La duración es de 25 minutos.

TAREA 1 Ejercicio 22

⏳ **HORA DE INICIO** ___:___

Instrucciones

Usted desea pedir una tarjeta de crédito. Tiene que completar el formulario de solicitud.

BANCO ABIERTO
Formulario de solicitud

Por favor, complete este formulario con letra clara.

Nombre: _____

Apellido(s): _____

Lugar de nacimiento: _____

Fecha de nacimiento: Día ____ / Mes ____ / Año ____

Nacionalidad: _____

Teléfono: _____

Correo electrónico: _____

N.° de pasaporte o documento de identificación: _____

Dirección:

Calle: _____ Número: _____ Piso: ____ Letra: ____

Ciudad: _____ Código Postal: _____ País: _____

Número de cuenta bancaria: _____

Número de tarjetas que solicita: _____

¿Para quién las solicita?_____

¿Dónde y cuándo utiliza la tarjeta de crédito? (5 a 10 palabras) _____
_____

¿Qué suele comprar? (5 a 10 palabras)_____
_____

¿Para qué necesita una tarjeta? (5 a 10 palabras) _____
_____

¿Qué quiere o necesita comprar? (10 a 15 palabras) _____
_____

Fecha y firma

⏳ **HORA DE FINALIZACIÓN** ___:___

EXPRESIÓN ESCRITA

TAREA 2 Ejercicio 23

⏳ HORA DE INICIO ___:___

Instrucciones

Usted quiere solicitar material para su puesto de trabajo. Escriba un correo electrónico a la dirección de su empresa. En el correo usted tiene que:

– saludar;
– hablar del departamento en el que trabaja;
– explicar qué material necesita y para qué;
– despedirse.

Número de palabras recomendadas: entre 30 y 40.

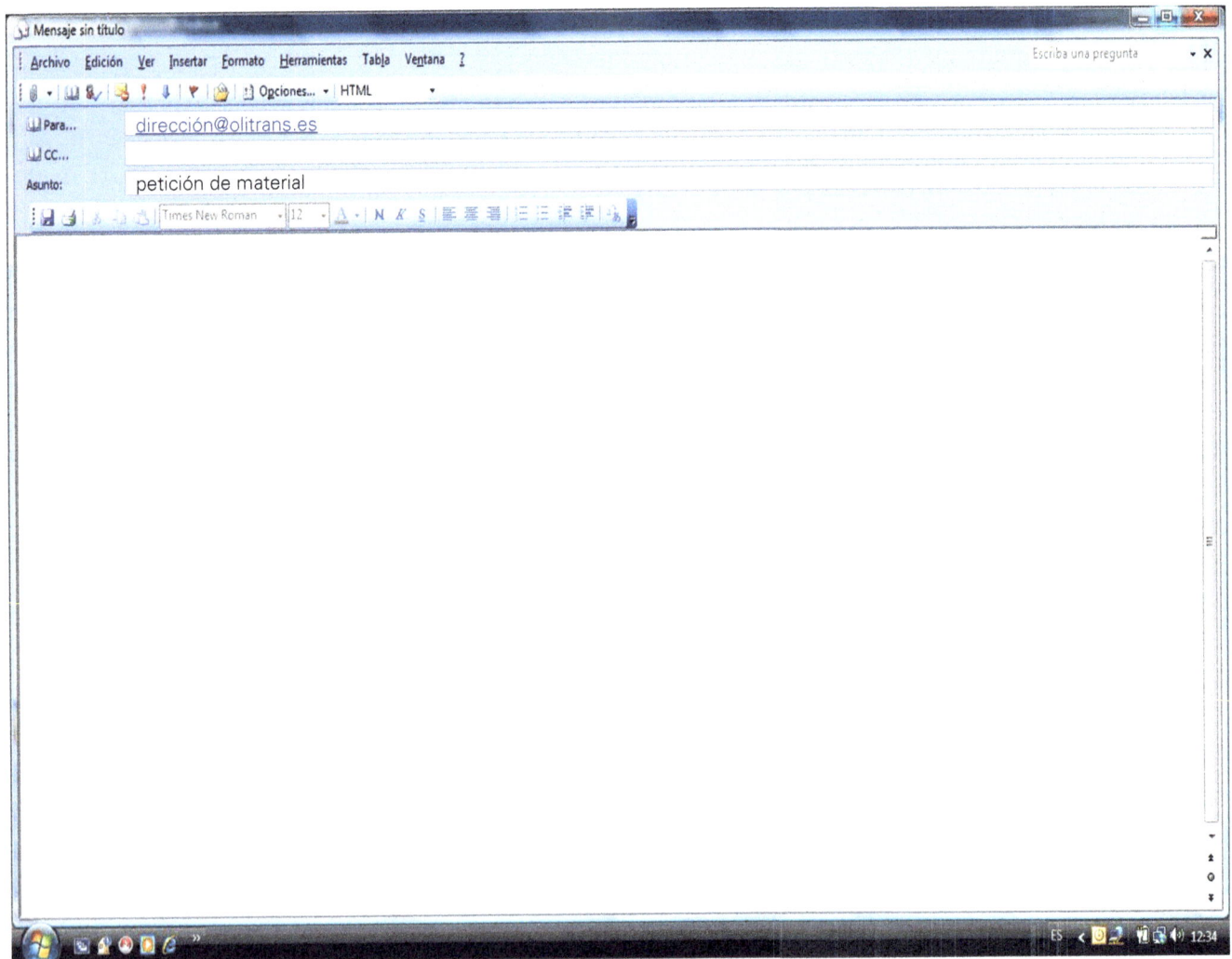

Mensaje sin título	

Archivo Edición Ver Insertar Formato Herramientas Tabla Ventana ?

Escriba una pregunta

Opciones... ▾ | HTML

Para... dirección@olitrans.es

CC...

Asunto: petición de material

Times New Roman ▾ 12 ▾

ES 12:34

⏳ HORA DE FINALIZACIÓN ___:___

EXPRESIÓN E INTERACCIÓN ORALES

TAREA 1 Ejercicio 24

PRESENTACIÓN PERSONAL DEL CANDIDATO

Instrucciones

Usted tiene que preparar su presentación personal para hablar **1 o 2 minutos** aproximadamente. Tiene que hablar sobre los siguientes aspectos:

NOMBRE

DÓNDE VIVE

EDAD

SU PADRE/MADRE

CÓMO ES

LE GUSTA

TRABAJO

EXAMEN 1

EXPRESIÓN E INTERACCIÓN ORALES — TAREA 2 Ejercicio 25

EXPOSICIÓN DE UN TEMA

INSTRUCCIONES

Usted tiene que seleccionar **tres** de las cinco opciones para hablar durante **2 o 3 minutos** aproximadamente.

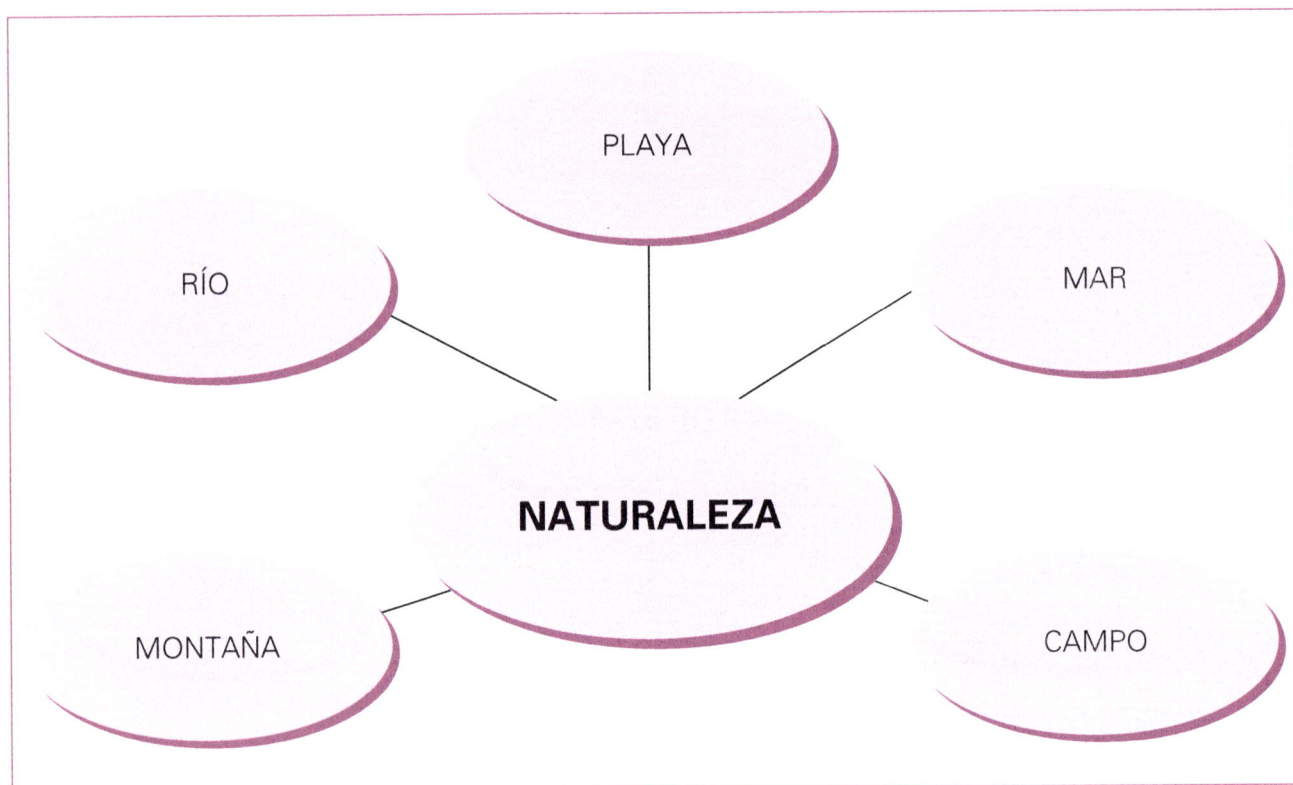

PLAYA

RÍO

MAR

NATURALEZA

MONTAÑA

CAMPO

INSTRUCCIONES TAREA 3

* El entrevistador le va a hacer unas preguntas sobre el tema de la Tarea 2.
* Después, usted va a hacer dos preguntas al entrevistador sobre el tema de la Tarea 2.

Puede hablar de:
- ¿Le gusta la naturaleza?
- ¿Con qué frecuencia va de excursión?
- ¿Qué hace cuando va al campo?
- ¿Con quién va al mar o a la playa?
- ¿Qué ropa lleva cuando va a la montaña?

EXPRESIÓN E INTERACCIÓN ORALES — TAREA 3 Ejercicio 26

CONVERSACIÓN CON EL ENTREVISTADOR

INSTRUCCIONES

El entrevistador le va a hacer unas preguntas sobre el tema de la Tarea 2. Luego usted tiene que hacer dos preguntas al entrevistador sobre el tema del que están hablando.

COMPRENSIÓN DE LECTURA

Esta **prueba** tiene **4 tareas**.
Usted tiene que responder a 25 preguntas.
La duración es de 45 minutos.

TAREA 1 Ejercicio 27

⏳ **HORA DE INICIO** ___:___

Instrucciones

Usted va a leer un correo electrónico. A continuación tiene que leer las preguntas (de la **1** a la **5**) y seleccionar la opción correcta (A, B o C).

Tiene que marcar la opción elegida en la **Hoja de respuestas**.

A B C
0. ☐ ☐ ☐

Mensaje sin título

Archivo Edición Ver Insertar Formato Herramientas Tabla Ventana ?   Escriba una pregunta

Opciones... ▾ HTML

Para... maria@gmail.com
CC...
Asunto: visita

Times New Roman ▾ 12 ▾ | A ▾ | N K S | ≡ ≡ ≡ | ≣ ≣ ≣ ≣ |

Hola, Marta:

Ya tengo todo preparado para tu llegada. Estamos muy contentos porque vas a venir a visitarnos y a conocer la nueva casa y el pueblo donde vivimos. Además, los niños están contentos porque así van a poder estar todo el día en la playa, de excursión y de fiesta contigo. Ellos todos los días preguntan por ti y quieren saber qué día llegas.

La verdad es que el pueblo es precioso, tiene unos tres mil habitantes; es el mejor clima de España, así que en invierno el clima es suave y en verano, aunque hace calor, en la playa se está muy bien. Nosotros vamos todos los días por la mañana. A mediodía, volvemos a comer a casa y, por la tarde, nos bañamos en la piscina de nuestros vecinos.

La casa es preciosa, grande, con mucha luz; lo mejor de todo es su jardín. Tu habitación este verano va a ser la de Alberto, que, como es pequeño, va a dormir en el cuarto de su hermana.

Bueno, todos te esperamos. No olvides traer el bañador y ropa de verano.

Un beso y hasta pronto,

Ana

ES 12:34

Preguntas

1. Ana escribe este correo electrónico a Marta para…
   A) preguntarle si va a visitarlos en las vacaciones.
   B) invitarla a pasar las vacaciones en su casa.
   C) contarle cómo es el pueblo en el que vive.

2. Los hijos de Ana…
   A) son muy simpáticos y alegres.
   B) tienen ganas de estar con Marta.
   C) van de excursión todos los días.

3. A Ana le gusta el pueblo donde vive por…
   A) su temperatura.
   B) los monumentos.
   C) las zonas verdes.

4. La casa de Ana…
   A) tiene mucha luz.
   B) tiene muchas habitaciones.
   C) tiene una piscina.

5. Marta va a llevar…

A)

B)

C)

⏳ **HORA DE FINALIZACIÓN** ___:___

COMPRENSIÓN DE LECTURA

⧗ HORA DE INICIO ___:___

Instrucciones

Usted va a leer unos mensajes. Tiene que relacionar los mensajes (A-J) con las frases (de la 6 a la 11). Hay diez mensajes, incluido el ejemplo. Tiene que seleccionar seis.

Debe marcar la relación en la **Hoja de respuestas.**

Ejemplo:

Frase 0: Es un menú del día.

La opción correcta es la **A,** porque dan a elegir varios platos con un precio cerrado.

A B C D E F G H I J

0. ■ ☐ ☐ ☐ ☐ ☐ ☐ ☐ ☐ ☐

Cinco primeros platos a elegir; tres segundos platos; postre, pan y bebida: 8 euros.

A

Médico, con 3 años de experiencia, busca trabajo en hospital o clínica.

B

Todas las habitaciones tienen baño completo, aire acondicionado, televisión y minibar.

C

Por favor, ¿me trae la cuenta?

D

Ahora, más cantidad por el mismo precio.

E

Los niños necesitan traer un zumo y un bocadillo para la merienda el día de la excursión.

F

Ya solo se vende el nuevo modelo de ordenador portátil B-371F.

G

El próximo viernes, la línea 3 de metro no funciona. Disculpen las molestias.

H

Esta tarde, van a bajar las temperaturas y puede llover.

I

Ya no hay detergente.

J

	FRASES	MENSAJES
0.	Es un menú del día.	A
6.	No se puede comprar el viejo.	
7.	Hay que comprar más.	
8.	Van a comer algo por la tarde.	
9.	Hay que llevar paraguas.	
10.	Está en el paro.	
11.	Hay que utilizar otro medio de transporte.	

⌛ HORA DE FINALIZACIÓN ___:___

COMPRENSIÓN DE LECTURA

TAREA 3 Ejercicio 29

⧗ HORA DE INICIO ___:___

Instrucciones

Usted va a leer menús de restaurantes. Tiene que relacionar los menús (A-J) con los textos correspondientes (del **12** al **17**). Hay diez menús, incluido el ejemplo. Seleccione seis.

Tiene que marcar las opciones elegidas en la **Hoja de respuestas.**

Ejemplo:

Texto 0: Queremos una sopa de primero y, de segundo, pescado.

La opción correcta es la letra **A.**

A B C D E F G H I J
0. ■ ☐ ☐ ☐ ☐ ☐ ☐ ☐ ☐ ☐

A

Menú del día
1.º a elegir
(gazpacho, sopa
o tortilla).
2.º filete de
lenguado.
Pan, postre y
bebida incluidos.
12 € IVA incluido

B

**Tapas y
raciones**
Chorizo,
bacalao,
pimiento, atún,
calamares,
queso,
jamón y tortilla.
Bocadillos para
tomar o para
llevar.

C

**Menú
mexicano**
Tacos o
enchiladas.
Frijoles con
guacamole.
Café.
A mediodía y
por la noche.
14 €

D

**Platos
combinados**
N.º 1: salchicha,
ensalada y
tortilla.
N.º 2: patatas
fritas, huevo y
pollo.
N.º 3: filete,
huevo frito y
ensalada.
7 €

E

**Cena y
espectáculo**
Variedad de
platos de
la cocina
internacional,
acompañados
por la música
en directo del
pianista Leandro
Varela.
50 €

F

**Menú
degustación**
Sopa de pescado.
Tortilla de
patatas.
Costillas de
cerdo.
Higaditos de
pollo.
Helado.
Sorbete de limón.
Tarta de queso.
35 €

G

Desayunos
Café, zumo y
tostada con
mantequilla y
mermelada.
Minibocadillos.
Hasta el
mediodía.
2 €

H

**Menú
vegetariano**
1.º: sopa de
fideos.
2.º: menestra de
verduras.
Postre: flan o
helado.
Incluye pan y
café.
15 €

I

Menú ejecutivo
Sopa fría de
yogur con
espinacas.
Filete de
ternera.
Tartas variadas.
Café incluido.
25 €

J

Menú infantil
Espaguetis con
tomate y carne.
Filete de
pechuga de
pollo.
Yogur o plátano.
8 €

TEXTOS		MENÚS

0. Queremos una sopa de primero y, de segundo, pescado.

A

12. No, gracias, yo nunca tomo carne ni pescado.

13. Para los niños, mejor fruta, que es más sana.

14. Me gusta mucho la comida exótica, de otros países.

15. Por la mañana, cuando me levanto, siempre tomo lo mismo.

16. Esta noche salimos para celebrar el primer aniversario de nuestra boda.

17. Prefiero probar muchos platos en pequeñas cantidades.

⏳ **HORA DE FINALIZACIÓN** ___:___

COMPRENSIÓN DE LECTURA

TAREA 4 Ejercicio 30

⏳ HORA DE INICIO ___:___

Instrucciones

Usted va a leer el catálogo de ropa de una tienda de modas por Internet. A continuación, tiene que leer las preguntas (de la **18** a la **25**) y seleccionar la opción correcta (A, B o C).

Tiene que marcar las opciones elegidas en la **Hoja de respuestas.**

MODA EN LÍNEA
Fácil, barato y cómodo

Artículo: **vestido**	Artículo: **camiseta**	Artículo: **jersey**	Artículo: **zapatillas**	Artículo: **abrigo**	Artículo: **vaqueros**
Color: **blanco**	Color: **verde**	Color: **negro**	Color: **blancas**	Color: **azul**	Color: **rojo**
Tienda: **Telares**	Tienda: **Melopongo**	Tienda: **Lunita**	Tienda: **CompraPiel**	Tienda: **Mitos**	Tienda: **Buenprecio**
Precio: **313 €**	Precio: **6 €**	Precio: **34,90 €**	Precio: **165 €**	Precio: **418 €**	Precio: **214 €**

Artículo: **pantalón**	Artículo: **cartera**	Artículo: **falda**	Artículo: **camisa**	Artículo: **bolso**	Artículo: **zapatos**
Color: **azul**	Color: **negra**	Color: **gris**	Color: **blanca**	Color: **marrón**	Color: **negros**
Tienda: **Vistebien**	Tienda: **Pielado**	Tienda: **Vistebien**	Tienda: **Melopongo**	Tienda: **Pielado**	Tienda: **CompraPiel**
Precio: **45 €**	Precio: **190 €**	Precio: **220 €**	Precio: **39,75 €**	Precio: **59 €**	Precio: **80 €**

PREGUNTAS

18. El color de la ropa que vende Lunita es _____.
    A) gris.
    B) verde.
    C) negro.

19. La _____ es de la tienda Vistebien.
    A) cartera
    B) falda
    C) bolso

20. El artículo más caro es _____.
    A) la camisa.
    B) el abrigo.
    C) el vestido.

21. El precio de la camiseta es de _____.
    A) 6 €.
    B) 418 €.
    C) 190 €.

22. La _____ más barata es de Melopongo.
    A) camisa
    B) zapatillas
    C) cartera

23. Los zapatos están disponibles en color _____.
    A) marrón.
    B) negro.
    C) rojo.

24. La ropa para el invierno es el _____.
    A) abrigo.
    B) pantalón.
    C) vestido.

25. El artículo más caro es de color _____.
    A) blanco.
    B) verde.
    C) azul.

⌛ **HORA DE FINALIZACIÓN** ___:___

COMPRENSIÓN AUDITIVA

Esta **prueba** tiene **4 tareas**.
Usted tiene que responder a 25 preguntas.
La duración es de 20 minutos.

TAREA 1 🔊 Pista 13 Ejercicio 31

⏳ **HORA DE INICIO** ___:___

Instrucciones

Usted va a a escuchar cinco conversaciones. Hablan dos personas. Las conversaciones se repiten dos veces. Hay una pregunta y tres imágenes (A, B y C) para cada conversación. Usted tiene que seleccionar la imagen que responde a la pregunta.

Tiene que marcar las opciones elegidas en la **Hoja de respuestas**.

Ahora va a escuchar un ejemplo.

0. ¿Qué tiene la casa?

A   B   C

La opción correcta es la letra **A**.

A B C
0. ■ ☐ ☐

1. ¿Cómo se comunica con su hermano?

A   B   C

2. ¿Qué quiere beber?

A   B   C

3. ¿A qué hora van al cine?

A B C

4. ¿A qué piso va el hombre?

 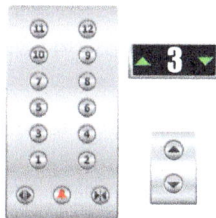 

A B C

5. ¿Dónde trabaja?

A B C

⏳ **HORA DE FINALIZACIÓN** ___:___

TAREA 2 🔊 Pista 14 Ejercicio 32

⏳ HORA DE INICIO ___:___

Instrucciones

Usted va a escuchar cinco mensajes. Cada mensaje se repite dos veces. Tiene que relacionar las imágenes (de la A a la I) con los mensajes (del 6 al 10). Hay nueve imágenes, incluido el ejemplo. Seleccione cinco.

Tiene que marcar las opciones elegidas en la **Hoja de respuestas**.

Ahora va a escuchar un ejemplo. Atención a las imágenes.

Mensaje 0: Prefiero tomates rojos y pequeños, me gustan más.

La opción correcta es la letra **E**.

A B C D E F G H I
0.☐☐☐☐■☐☐☐☐

	Mensajes	Imágenes
0.	Mensaje 0	E
6.	Mensaje 1	
7.	Mensaje 2	
8.	Mensaje 3	
9.	Mensaje 4	
10.	Mensaje 5	

A   B   C   D   E

F   G   H   I

⏳ HORA DE FINALIZACIÓN ___:___

TAREA 3 🔊 Pista 15 Ejercicio 33

⏳ HORA DE INICIO ___:___

Instrucciones

Usted va a escuchar a un hombre, Rafael, que habla sobre los medios de transporte que puede usar. La información se repite dos veces. A la izquierda, están los medios de transporte. A la derecha, la información sobre ellos. Usted tiene que relacionar los números (del **11** al **18**) con las letras (de la A a la L). Hay doce letras incluido el ejemplo. Seleccione ocho.

Tiene que marcar las opciones elegidas en la **Hoja de respuestas**.

Ahora va a escuchar un ejemplo.

Me gusta viajar en metro porque, en un plano, puedo ver todas las estaciones y las distancias.

La opción correcta es la letra **H**.

```
   A  B  C  D  E  F  G  H  I  J  K  L
0.☐  ☐  ☐  ☐  ☐  ☐  ☐  ■  ☐  ☐  ☐  ☐
```

0. Metro	**H**	**A** rápido
11. Autobús		**B** estación
12. Tren		**C** paseo
13. Barco		**D** pasaporte
14. Taxi		**E** billete de ida y vuelta
15. Bicicleta		**F** lento
16. Avión		**G** maletas
17. Coche		**H** plano
18. Andando		**I** caro
		J parece un hotel
		K parada
		L siempre

⏳ HORA DE FINALIZACIÓN ___:___

TAREA 4 🔊 Pista 16 Ejercicio 34

⏳ HORA DE INICIO ___:___

Instrucciones

Usted va a escuchar a un hombre, Fernando, que habla sobre su último viaje a dos ciudades del norte de España: Logroño y Laguardia. Va a escuchar la conversación dos veces.

Usted tiene siete frases (de la **19** a la **25**) que no están completas. Debe leer las frases y seleccionar una opción del cuadro (de la A a la I) para completar las frases, como en el ejemplo.

Debe escribir las palabras en la **Hoja de respuestas.**

Ahora tiene 30 segundos para leer las frases.

Mi último viaje

Ejemplo:

0. Logroño es un buen lugar para ____ **A** ____ de libros.

A B C D E F G H I
0. ■ □ □ □ □ □ □ □ □

19. Logroño es una de las capitales de un _____ llamado Literatura.

20. Los amigos de la literatura se prestan _____.

21. Durante su visita a Logroño, ve una _____, una plaza y una torre.

22. En Logroño, conoce la obra de Mastronardi, el _____ argentino.

23. Más tarde, va a un pueblo que parece un _____.

24. Las calles de Laguardia son _____ y las plazas, pequeñas.

25. En Laguardia, los _____ viven como el siglo pasado.

A	**hablar**
B	poeta
C	cercanas
D	libros
E	calle
F	estrechas
G	país
H	barco
I	vecinos

⏳ HORA DE FINALIZACIÓN ___:___

EXPRESIÓN ESCRITA

Esta **prueba** tiene **2 tareas**.
La duración es de 25 minutos.

TAREA 1 Ejercicio 35

Instrucciones

⏳ **HORA DE INICIO** ___:____

Usted quiere estudiar en un centro de formación profesional. Tiene que completar el formulario de registro.

FORMACIÓN PROFESIONAL CEAC
Formulario de registro

Por favor, complete este formulario con letra clara.

Nombre: _____

Apellido(s): _____

Lugar de nacimiento: _____

Fecha de nacimiento: Día ____ / Mes ____ / Año ____

Nacionalidad: _____

Teléfono móvil: _____

Teléfono del trabajo: _____

Correo electrónico: _____

Profesión:_____

Dirección:

Calle: _____ Número: _____ Piso: ____ Letra: ____

Ciudad: _____ Código Postal: _____ País: _____

Curso que le interesa:

Fecha de inicio del curso: Día ____ / Mes ____ / Año ____

Forma de pago: ☐ Efectivo ☐ Tarjeta

Motivos de sus estudios (5 a 10 palabras): _____
_____

¿En qué materias está interesado? (5 a 10 palabras) _____
_____

¿A qué hora puede asistir a clase? _____

¿Qué estudios tiene? (5 a 10 palabras) _____
_____

Fecha y firma

⏳ **HORA DE FINALIZACIÓN** ___:____

EXPRESIÓN ESCRITA

⏳ **HORA DE INICIO** ___:___

Instrucciones

Usted quiere participar en un sorteo de entradas para una actividad de ocio. Escriba un correo electrónico a la organización del sorteo. En el correo usted tiene que:

– saludar;
– explicar qué le gusta hacer en su tiempo libre;
– señalar cuándo y dónde realiza actividades culturales;
– despedirse.

Número de palabras recomendadas: entre 30 y 40.

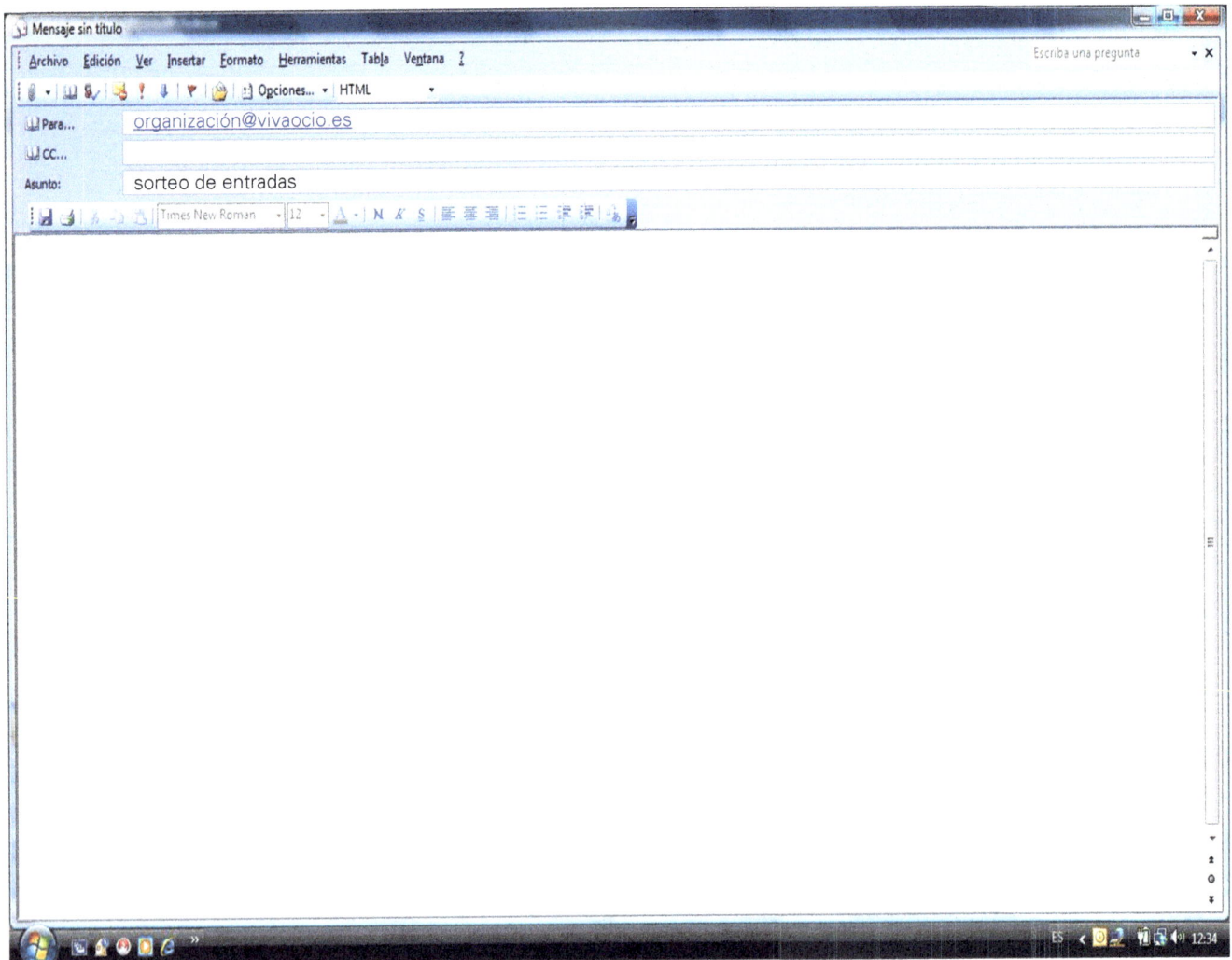

Mensaje sin título	

Archivo Edición Ver Insertar Formato Herramientas Tabla Ventana ?   Escriba una pregunta

Opciones... ▾ | HTML

Para... organización@vivaocio.es
CC...
Asunto: sorteo de entradas

Times New Roman ▾ 12 ▾

⏳ **HORA DE FINALIZACIÓN** ___:___

EXPRESIÓN E INTERACCIÓN ORALES

TAREA 1 Ejercicio 37

PRESENTACIÓN PERSONAL DEL CANDIDATO

Instrucciones

Usted tiene que preparar su presentación personal para hablar **1 o 2 minutos** aproximadamente. Tiene que hablar sobre los siguientes aspectos:

CÓMO ES

DÓNDE ESTÁ

MUEBLES

SU CASA

SALÓN

HABITACIONES

BARRIO

EXPRESIÓN E INTERACCIÓN ORALES

TAREA 2 Ejercicio 38

EXPOSICIÓN DE UN TEMA

Instrucciones

Usted debe seleccionar **tres** de las cinco opciones para hablar durante **2 o 3 minutos** aproximadamente.

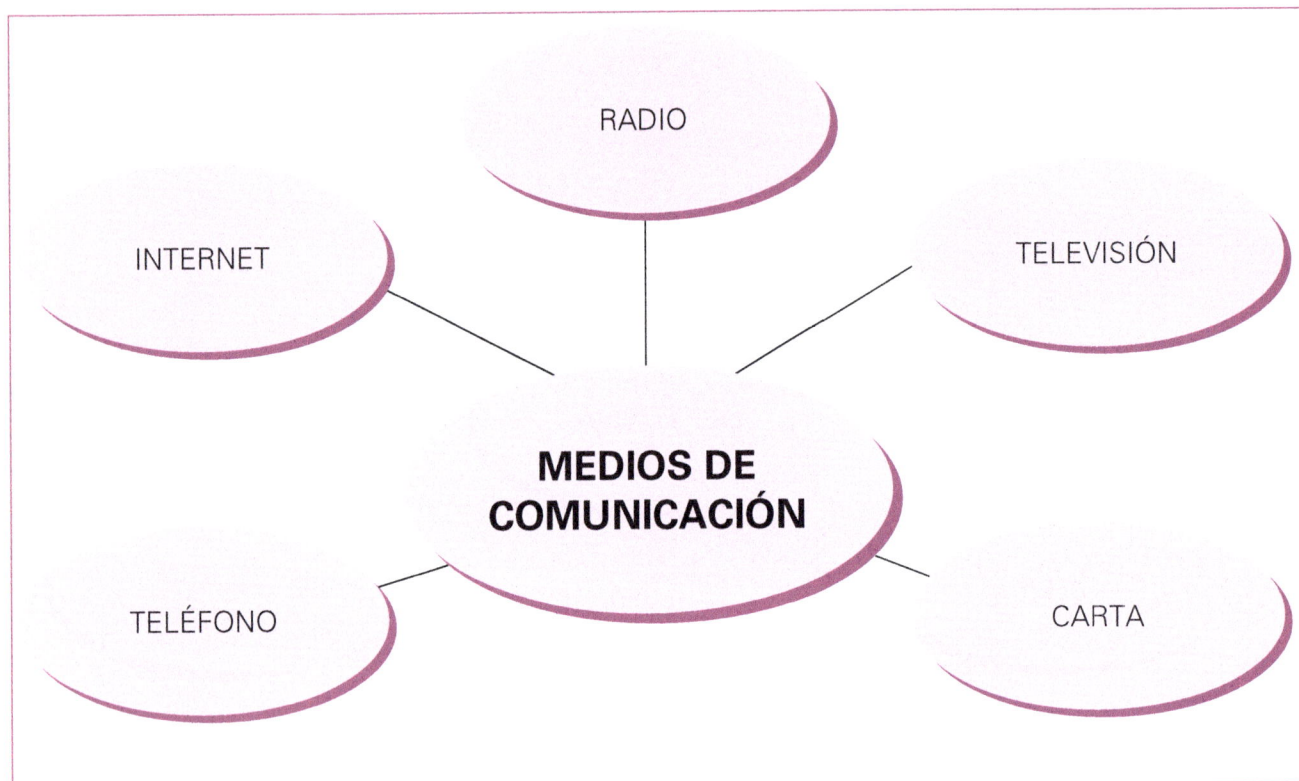

```
                          RADIO

   INTERNET                                TELEVISIÓN


                      MEDIOS DE
                     COMUNICACIÓN

   TELÉFONO                                   CARTA
```

Instrucciones Tarea 3

* El entrevistador le va a hacer unas preguntas sobre el tema de la Tarea 2.
* Después, usted va a hacer dos preguntas al entrevistador sobre el tema de la Tarea 2.

> Puede hablar de:
> - ¿Cuándo escucha la radio?
> - ¿Con quién habla por teléfono?
> - ¿A qué hora ve la televisión?
> - ¿Con qué frecuencia escribe cartas?
> - ¿Para qué utiliza Internet?

EXPRESIÓN E INTERACCIÓN ORALES

TAREA 3 Ejercicio 39

CONVERSACIÓN CON EL ENTREVISTADOR

Instrucciones

El entrevistador le va a hacer unas preguntas sobre el tema de la Tarea 2. Luego usted tiene que hacer dos preguntas al entrevistador sobre el tema del que están hablando.

COMPRENSIÓN DE LECTURA

Esta **prueba** tiene **4 tareas**.
Usted tiene que responder a 25 preguntas.
La duración es de 45 minutos.

TAREA 1 Ejercicio 40

⧖ HORA DE INICIO ___:___

Instrucciones

Usted va a leer un correo electrónico. A continuación tiene que leer las preguntas (de la **1** a la **5**) y seleccionar la opción correcta (A, B o C).

Tiene que marcar la opción elegida en la **Hoja de respuestas**.

```
        A  B  C
0.      ☐  ☐  ☐
```

Mensaje sin título

Archivo Edición Ver Insertar Formato Herramientas Tabla Ventana ?   Escriba una pregunta ▾ ✕

📎 ▾ | 🔲 🖦 | 🖨 ! ↓ | ▼ | 🖼 | 🗐 Opciones... ▾ | HTML   ▾

Para...   juanyfer@gmail.com
CC...
Asunto: viaje a Madrid

🔲 🖨 | A ▾ 🖌 | Times New Roman ▾ 12 ▾ | A ▾ | N K S | 🖹 🖹 🖹 🖹 | 🗏 🗏 ▐ ▐ | 🖋 ▾

Hola, chicos:

Llegáis esta noche, ¿no? Ya tengo un programa para pasear por Madrid. Creo que os va a gustar y vamos a hacer muchas cosas.

Mañana vamos a ver museos y, si no estáis muy cansados, podemos ir a algún teatro por la noche o a pasear por la Gran Vía. El viernes vamos al parque del Retiro y paseamos por algunos barrios del centro.

El sábado por la mañana, podemos ir de compras. Después de comer, vamos al Teatro Real y, por la noche, a tomar algo a la Plaza de Oriente; sé que vamos a estar muy cansados, pero podemos volver pronto para levantarnos temprano al día siguiente.

El domingo, vamos al Rastro, el mercado al aire libre. Luego vamos a la Plaza Mayor. Después, podemos ir a la Puerta del Sol, el punto de encuentro de mucha gente. Por la noche, vamos a cenar en casa para descansar un poco, porque el lunes vuestro tren sale muy temprano. Nos van a quedar muchas cosas por ver y por hacer. Cinco días es muy poco tiempo.

Eduardo

ES ‹ 🔲 ▫ 🔊 12:34

PREGUNTAS

1. Según este correo, los amigos de Eduardo llegan a Madrid...
   A) el lunes.
   B) el día siguiente.
   C) hoy.

2. Eduardo les escribe a sus amigos para...
   A) preguntarles qué prefieren hacer.
   B) invitarlos a pasar unos días en Madrid.
   C) contarles su programa de visitas.

3. A la mañana siguiente, Eduardo propone...
   A) visitar algunos museos.
   B) ver alguna obra de teatro.
   C) pasear si no están cansados.

4. El sabado pueden...

A)

B)

C)

5. El domingo, por la mañana, van a...
   A) comer en casa.
   B) comprar en el Rastro.
   C) levantarse muy tarde.

⌛ **HORA DE FINALIZACIÓN** ___:___

COMPRENSIÓN DE LECTURA

TAREA 2 Ejercicio 41

⌛ **HORA DE INICIO** ___:___

Instrucciones

Usted va a leer unos mensajes. Tiene que relacionar los mensajes (A-J) con las frases (de la 6 a la **11**). Hay diez mensajes, incluido el ejemplo. Tiene que seleccionar seis.

Tiene que marcar las opciones elegidas en la **Hoja de respuestas**.

Ejemplo:

Frase 0: Puedes publicar tus ideas.

La opción correcta es la **C**, porque en el foro se pueden publicar textos.

A B C D E F G H I J
0.☐☐■☐☐☐☐☐☐☐

A
Guarden silencio en la sala de biblioteca. Está prohibido comer y beber en el edificio.

B
Se suspende la obra de teatro por enfermedad de uno de los actores.

C
Para participar en el foro, envíe sus textos y sus preguntas por correo electrónico a la siguiente dirección: losabemostodo@yomeloinvento.com

D
Para reservar una mesa, llamen al 948 234 421.

E
El domingo próximo, los miembros de la Asociación de Vecinos van a visitar el parque de atracciones. **Entrada gratuita para los socios**.

F
Busco compañero para compartir piso.

G
Es obligatorio el uso de gorro y ropa de baño adecuada para utilizar la piscina del hotel.

H
Hay buenas razones para no fumar más. ¿Cuáles son tus razones?

I
Ingredientes: azúcar, harina de trigo, naranja deshidratada, vitaminas E, B6 y B1.

J
Cuidado con la nieve. Reduzca la velocidad de su coche.

FRASES		MENSAJES
0.	Puedes publicar tus ideas.	C
6.	Mal tiempo en la carretera.	
7.	Motivos para dejar el tabaco.	
8.	No se puede hablar.	
9.	Algunas personas no pagan.	
10.	Tiene una habitación libre.	
11.	Es necesario para bañarse.	

⏳ **HORA DE FINALIZACIÓN** ___:___

COMPRENSIÓN DE LECTURA

TAREA 3 Ejercicio 42

⏳ **HORA DE INICIO** ___:___

Instrucciones

Usted va a leer unos anuncios con ofertas de viajes y vacaciones. Tiene que relacionar los anuncios (A-J) con los textos (del **12** al **17**). Hay diez anuncios, incluido el ejemplo. Seleccione seis.

Tiene que marcar las opciones elegidas en la **Hoja de respuestas**.

Ejemplo:

Texto 0: Este año acabo de licenciarme en Derecho y también me gustan mucho las lenguas.

La opción correcta es la letra **A**.

```
   A B C D E F G H I J
0. ■ □ □ □ □ □ □ □ □ □
```

A

Apartamento en la playa
Se alquila apartamento, amueblado y totalmente equipado, en la costa alicantina. A cinco minutos de la playa. Mínimo 15 días.

B

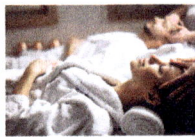

Balneario
Disfruta de la paz, el silencio y la tranquilidad de nuestro balneario de aguas termales, con un servicio de masajes para relajarte, spa, sauna, bañera de hidromasaje.

C

Volar barato
Vuelos baratos, para jóvenes. Tienes todos los destinos que imaginas. Si te gusta la aventura y viajar sin maletas, esta es tu compañía aérea. La mejor compañía.

D

Esquí
Si te gusta practicar el esquí, ahora puedes pasar el fin de semana en nuestro hotel, muy cerca de la nieve, con acceso directo a las pistas de esquí.

E

Crucero
Visita los puertos más importantes del Caribe y disfruta de un lujoso barco. 2 piscinas, 3 restaurantes, 2 discotecas.

F

Parque temático infantil
Te va a encantar; con todos los personajes de cuentos y dibujos animados que les gustan a tus hijos. El lugar ideal para un viaje familiar.

G

Casa rural
En plena naturaleza. Si te gusta pasear por el bosque y hacer senderismo, ven al pueblo más bonito que hay en toda la provincia.

H

Toledo
Ven a pasear por sus calles y plazas, a ver sus monumentos y a aprender de la historia que guardan todos sus edificios.

I

Campin
Con tu tienda de campaña es suficiente. En el Campin de la Orilla, tienes todos los servicios de primera calidad.

J

Museos
Las grandes ciudades y sus museos ahora están muy cerca de ti. Con nuestro circuito cultural, vas a conocer todas las obras de arte del país.

	TEXTOS	VIAJES Y VACACIONES

0. Queremos ir a bañarnos y a tomar el sol todos los días.

A

12. Tenemos pocos días de vacaciones, por eso vamos a ir a un pueblo cercano para estar muy tranquilos, sin nada que hacer.

13. Nos encantan los deportes de invierno y preferimos el frío al calor.

14. Me encanta la pintura, la escultura. Quiero ver todos los cuadros famosos.

15. Queremos hacer un viaje con toda la familia, estar en el mar y conocer diferentes ciudades.

16. No nos gustan los hoteles, porque son muy caros, por eso vamos en nuestro coche y dormimos en zonas de acampada.

17. Siempre pensamos en los niños a la hora de elegir el lugar para nuestras vacaciones.

⧗ **HORA DE FINALIZACIÓN** ___:___

COMPRENSIÓN DE LECTURA

TAREA 4 Ejercicio 43

⏳ **HORA DE INICIO** ___:___

Instrucciones

Usted va a leer la información sobre las diferentes secciones de unos grandes almacenes. A continuación, tiene que leer las preguntas (de la 18 a la 25) y seleccionar la opción correcta (A, B o C).

Tiene que marcar las opciones elegidas en la **Hoja de respuestas**.

El Corte Irlandés
Información

	Sección A	Sección B	Sección C	Sección D
Quinta planta	Farmacia	Agencia de viajes	Oficina de correos	Juguetes
Cuarta planta	Deportes	Quiosco de prensa	Regalos	Cosas de casa
Tercera planta	Zapatería	Informática	Fotografía	Música
Segunda planta	Jóvenes	Hombres	Señoras	Niños
Primera planta	Perfumería	Óptica	Joyería	Relojería
Planta baja	Restaurante - cafetería	Bebidas	Panadería	Productos de limpieza
Semisótano	Frutería	Pescadería	Carnicería	Leche
Sótano	Garaje	Garaje	Garaje	Garaje

PREGUNTAS

18. Para encontrar un perfume, es en la _____.
    A) sótano.
    B) semisótano.
    C) primera planta.

19. En la sección B puedes tomar un _____.
    A) café.
    B) pan.
    C) gel.

20. Para enviar una carta es en la _____ planta.
    A) tercera
    B) cuarta
    C) quinta

21. Las gafas que quiero están en la _____ planta.
    A) primera
    B) segunda
    C) tercera

22. En la sección _____ me arreglaron el reloj.
    A) A
    B) D
    C) C

23. En el semisótano de la sección C puedo comprar _____.
    A) zapatos.
    B) un medicamento.
    C) carne.

24. Voy a tomar un bocadillo en _____.
    A) la planta baja.
    B) el semisótano.
    C) la primera planta.

25. Quiero leer las últimas noticias; voy a comprar el periódico en el _____.
    A) restaurante.
    B) garaje.
    C) quiosco de prensa.

⌛ **HORA DE FINALIZACIÓN** ___:____

COMPRENSIÓN AUDITIVA

Esta **prueba** tiene **4 tareas**.
Usted tiene que responder a 25 preguntas.
La duración es de 20 minutos.

TAREA 1 🔊 Pista 17 Ejercicio 44

⏳ **HORA DE INICIO** ___:___

Instrucciones

Usted va a a escuchar cinco conversaciones. Hablan dos personas. Las conversaciones se repiten dos veces. Hay una pregunta y tres imágenes (A, B y C) para cada conversación. Usted tiene que seleccionar la imagen que responde a la pregunta.

Tiene que marcar las opciones elegidas en la **Hoja de respuestas**.

Ahora va a escuchar un ejemplo.

0. ¿Qué hay encima de la mesa?

| A | B | C |

La opción correcta es la letra **A**.

A B C
0. ■ □ □

1. ¿Qué tiempo hace hoy?

| A | B | C |

2. ¿Dónde están?

| A | B | C |

3. ¿Cuándo se van de vacaciones?

A   B   C

4. ¿Qué va a comer hoy?

A   B   C

5. ¿Qué hace cuando se levanta?

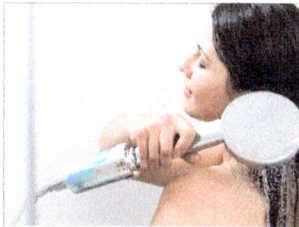  

A   B   C

⌛ HORA DE FINALIZACIÓN ___:___

COMPRENSIÓN AUDITIVA

TAREA 2 🔊 Pista 18 Ejercicio 45

⏳ **HORA DE INICIO** ___:___

Instrucciones

Usted va a escuchar cinco mensajes. Cada mensaje se repite dos veces. Tiene que relacionar las imágenes (de la A a la I) con los mensajes (del 6 al 10). Hay nueve imágenes, incluido el ejemplo. Seleccione cinco.

Tiene que marcar las opciones elegidas en la **Hoja de respuestas**.

Ahora va a escuchar un ejemplo. Atención a las imágenes.

Mensaje 0: Estamos a tres grados bajo cero y hoy puede llover en la ciudad.

La opción correcta es la letra **G.**

A B C D E F G H I
0.☐ ☐ ☐ ☐ ☐ ☐ ■ ☐ ☐

Mensajes		Imágenes
0.	Mensaje 0	G
6.	Mensaje 1	
7.	Mensaje 2	
8.	Mensaje 3	
9.	Mensaje 4	
10.	Mensaje 5	

A

B

C

D

E

F

G

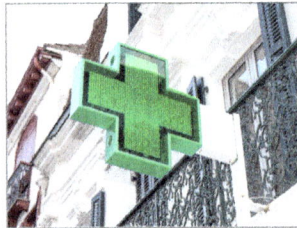

H

I

⏳ **HORA DE FINALIZACIÓN** ___:___

COMPRENSIÓN AUDITIVA

TAREA 3 🔊 Pista 19 Ejercicio 46

⏳ HORA DE INICIO ___:___

Instrucciones

Usted va a escuchar a un chico, Tomás, que habla sobre diferentes personas. La información se repite dos veces. A la izquierda, están las personas. A la derecha, la información sobre ellas. Usted tiene que relacionar los números (del **11** al **18**) con las letras (de la A a la L). Hay doce letras, incluido el ejemplo. Seleccione ocho.

Tiene que marcar las opciones elegidas en la **Hoja de respuestas**.

Ahora va a escuchar un ejemplo.

Mi hermano pequeño es estudiante; le encanta ir al cine y ver películas en televisión, pero no sé cuándo estudia.

La opción correcta es la letra **K.**

```
   A B C D E F G H I J K L
0. ☐ ☐ ☐ ☐ ☐ ☐ ☐ ☐ ☐ ☐ ■ ☐
```

0.	Hermano pequeño	**K**
11.	Profesor de yoga	
12.	Vecino	
13.	Padre	
14.	Jefe	
15.	Camarero	
16.	Actriz	
17.	Profesor de matemáticas	
18.	Cantante	

A	mesa de trabajo
B	no hace exámenes
C	pizarra
D	canta
E	tienda
F	no tiene horario
G	paro
H	vacaciones
I	zapatos
J	teatro
K	cine
L	baila

⏳ HORA DE FINALIZACIÓN ___:___

COMPRENSIÓN AUDITIVA

TAREA 4 🔊 Pista 20 Ejercicio 47

⏳ HORA DE INICIO ___:___

Instrucciones

Usted va a escuchar a Santiago Béjar, un extremeño que trabaja en el extranjero y tiene una vida muy interesante. Va a escuchar la conversación dos veces.

Usted tiene siete frases (de la **19** a la **25**) que no están completas. Tiene que leer las frases y seleccionar una opción del cuadro (de la A a la I) para completar las frases, como en el ejemplo.

Debe escribir las palabras en la **Hoja de respuestas**.

Ahora tiene 30 segundos para leer las frases.

Santiago Béjar

Ejemplo:

0. Santiago Béjar es un buen ____ **A** ____.

A B C D E F G H I
0. ■ ☐ ☐ ☐ ☐ ☐ ☐ ☐ ☐

19. Santiago es de Extremadura, pero trabaja y _____ en Holanda.

20. Santiago tiene _____ hijos.

21. Santiago, a veces, trabaja como _____ en un hotel.

22. A Santiago le gusta _____ un instrumento tradicional.

23. _____ a sus nietos canciones populares.

24. Cada verano, Santiago _____ a España.

25. En las fiestas de algunos _____, Santiago toca con su grupo.

A	**trabajador**
B	viaja
C	tocar
D	visita
E	cinco
F	pueblos
G	vive
H	enseña
I	camarero

⏳ HORA DE FINALIZACIÓN ___:___

EXPRESIÓN ESCRITA

Esta **prueba** tiene **2 tareas**.
La duración es de 25 minutos.

TAREA 1 Ejercicio 48

⏳ **HORA DE INICIO** ___:____

Instrucciones

Un amigo suyo quiere recibir información en su casa de una tienda de ropa. Ayúdele a completar la solicitud.

BANCO ABIERTO
Formulario de solicitud

Por favor, complete este formulario con letra clara. Puede darlo en la caja de nuestras tiendas.

Nombre: [_____]   Apellido(s): [_____]

Lugar de nacimiento: [____] Fecha de nacimiento: Día [__] / Mes / [__] Año / [____]

Teléfono: [_____]   Correo electrónico: [_____]

N.º de pasaporte o documento de identificación: [_____]

Calle: [_____]   Número: [__] Piso: [__] Letra: [__]

Ciudad: [_____]   País: [_____]

Tienda en la que suele comprar: [_____]

Estoy interesado en recibir información sobre (10 a 15 palabras) _____
_____
_____

¿Qué tipo de ropa compra normalmente? (10 a 15 palabras) _____
_____

¿Compra ropa por Internet?_____ ¿Qué colores prefiere para vestir? (5 a 10 palabras) _____
_____

Firma

⏳ **HORA DE FINALIZACIÓN** ___:____

EXPRESIÓN ESCRITA

TAREA 2 Ejercicio 49

⌛ **HORA DE INICIO** ___:____

Instrucciones

Usted quiere participar en un foro de opinión que publica un periódico. Escriba un correo electrónico a la dirección del periódico. En el foro usted tiene que:

– saludar;
– explicar qué medios utiliza para informarse y cuándo o cómo lee noticias;
– hablar de las secciones que le gustan;
– despedirse.

Número de palabras recomendadas: entre 30 y 40.

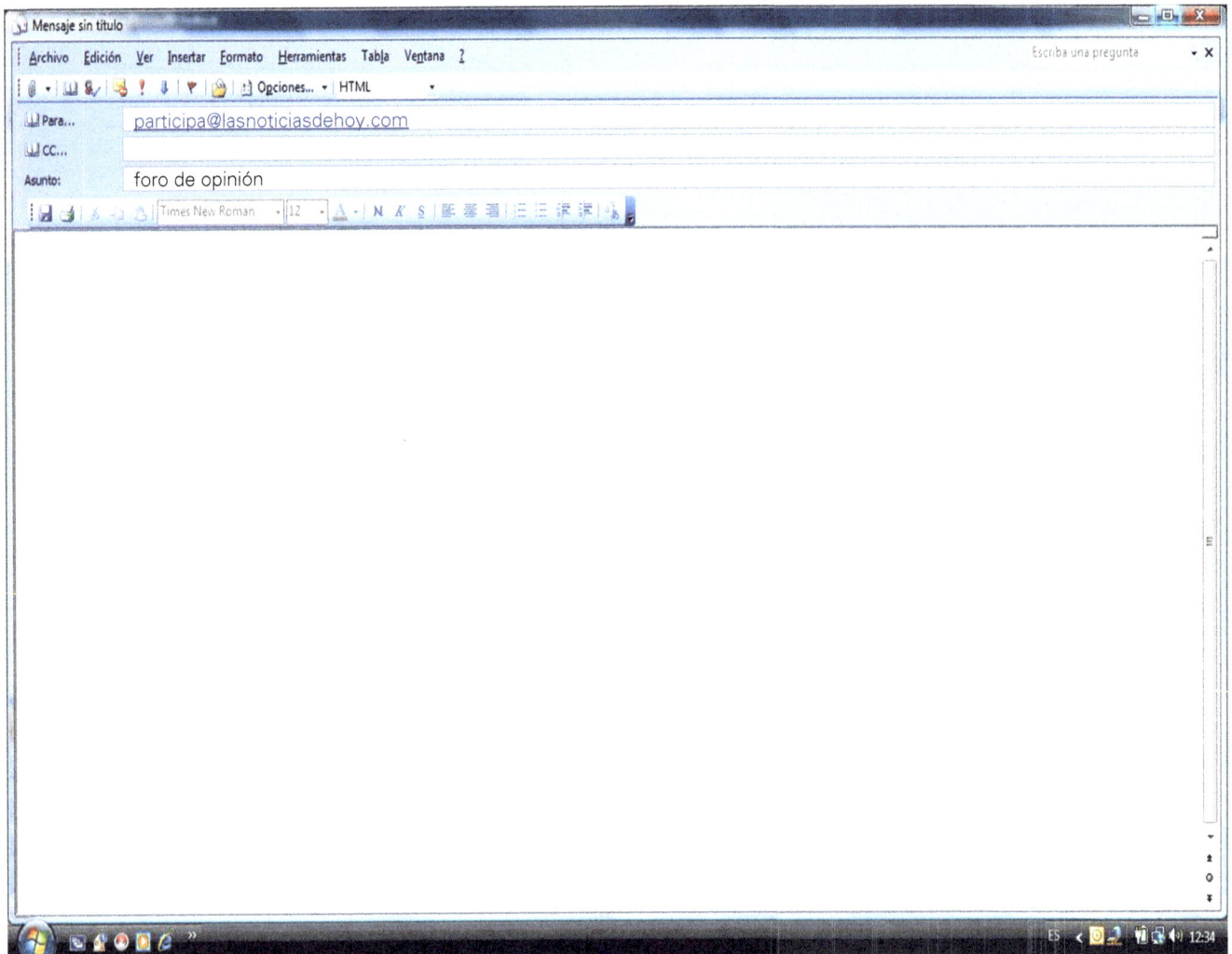

Mensaje sin título	
Archivo Edición Ver Insertar Formato Herramientas Tabla Ventana ?	Escriba una pregunta
Opciones... HTML	
Para...	participa@lasnoticiasdehoy.com
CC...	
Asunto:	foro de opinión
Times New Roman 12 N K S	

⌛ **HORA DE FINALIZACIÓN** ___:____

EXPRESIÓN E INTERACCIÓN ORALES

TAREA 1 Ejercicio 50

PRESENTACIÓN PERSONAL DEL CANDIDATO

Instrucciones

Usted tiene que preparar su presentación personal para hablar **1 o 2 minutos** aproximadamente. Tiene que hablar sobre los siguientes aspectos:

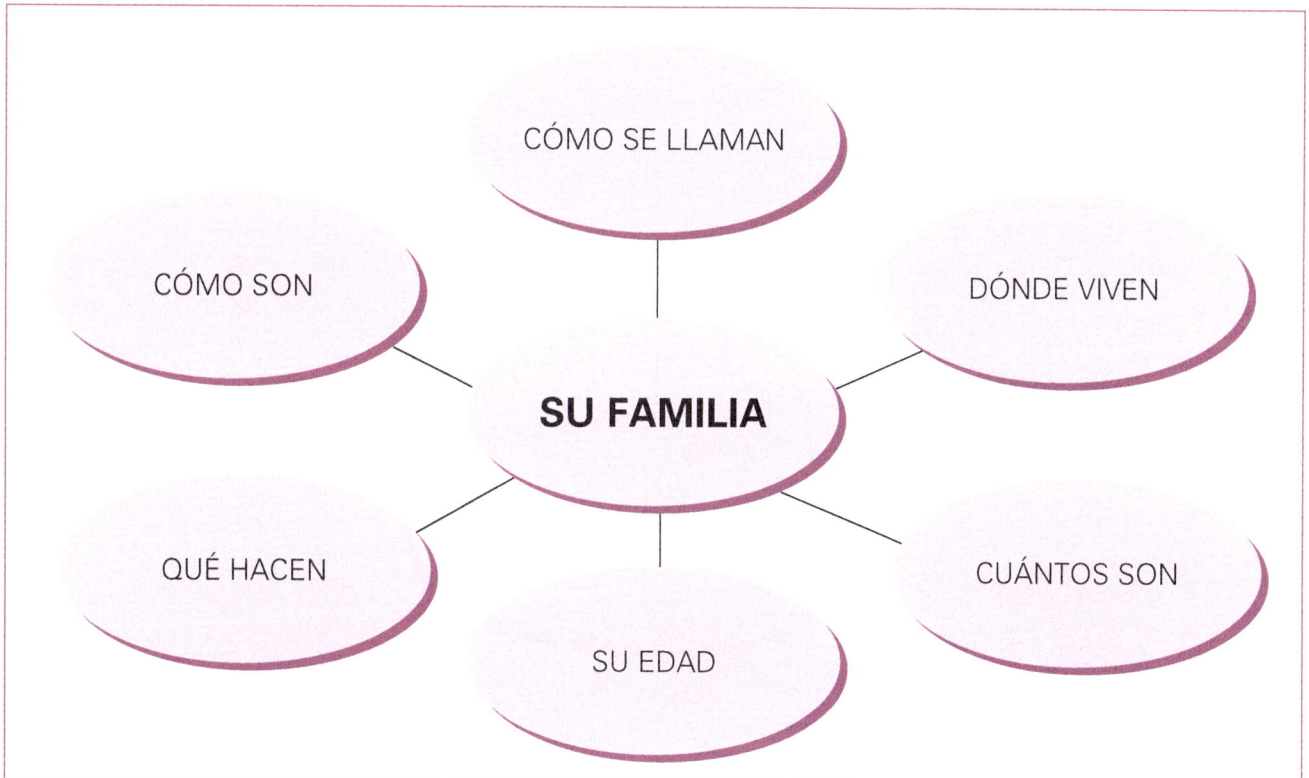

CÓMO SE LLAMAN

CÓMO SON

DÓNDE VIVEN

SU FAMILIA

QUÉ HACEN

SU EDAD

CUÁNTOS SON

EXPRESIÓN E INTERACCIÓN ORALES   TAREA 2 Ejercicio 51

EXPOSICIÓN DE UN TEMA

Instruciones

Usted tiene que seleccionar **tres** de las cinco opciones para hablar durante **2 o 3 minutos** aproximadamente.

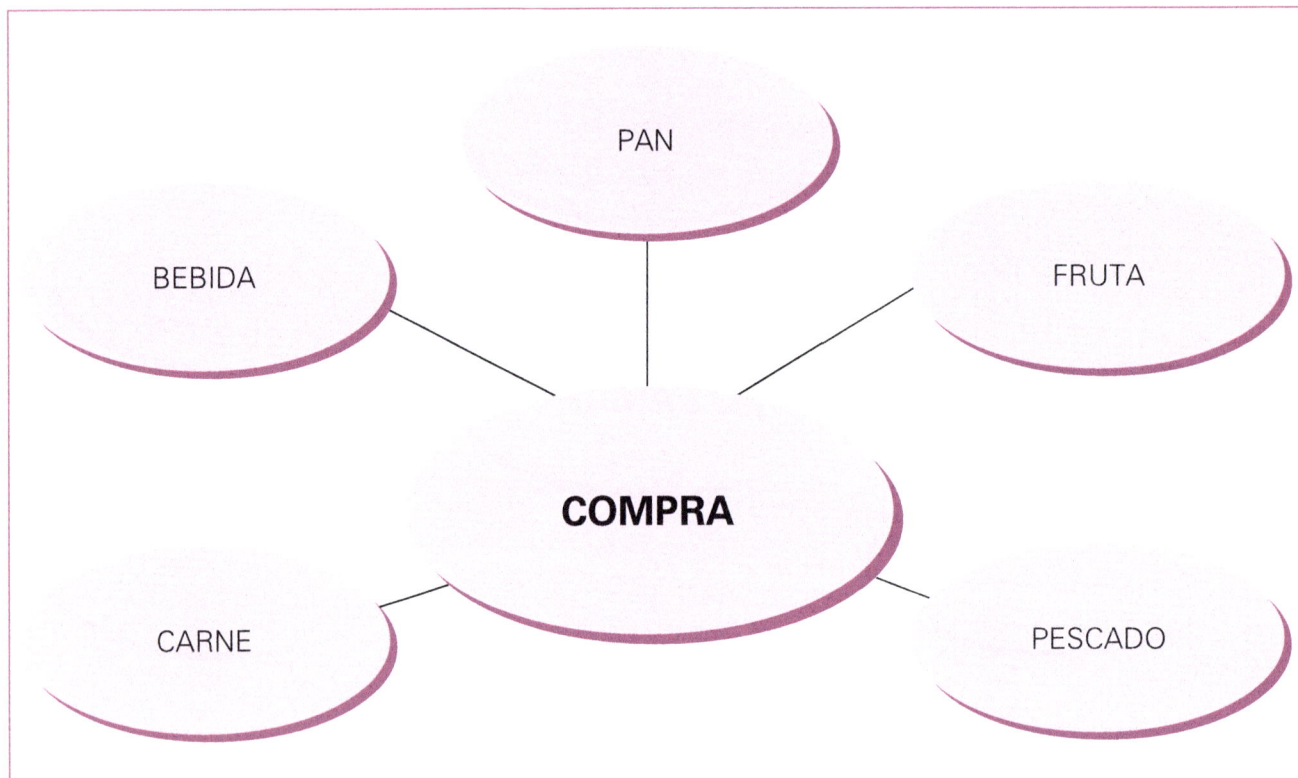

PAN

BEBIDA

FRUTA

COMPRA

CARNE

PESCADO

Instrucciones Tarea 3

* El entrevistador le va a hacer unas preguntas sobre el tema de la Tarea 2.
* Después, usted va a hacer dos preguntas al entrevistador sobre el tema de la Tarea 2.

Puede hablar de:
- ¿Cuándo compra pescado?
- ¿Dónde compra la fruta?
- ¿Con qué frecuencia compra pan?
- ¿Qué tipo de bebidas compra?
- ¿Cuánto cuesta la carne en su país?

EXPRESIÓN E INTERACCIÓN ORALES

TAREA 3 Ejercicio 52

CONVERSACIÓN CON EL ENTREVISTADOR

Instrucciones

El entrevistador le va a hacer unas preguntas sobre el tema de la Tarea 2. Luego usted tiene que hacer dos preguntas al entrevistador sobre el tema del que están hablando.

COMPRENSIÓN DE LECTURA

Esta **prueba** tiene **4 tareas**.
Usted tiene que responder a 25 preguntas.
La duración es de 45 minutos.

TAREA 1 Ejercicio 53

⌛ **HORA DE INICIO** ___:___

Instrucciones

Usted va a leer un correo electrónico. A continuación tiene que leer las preguntas (de la 1 a la 5) y seleccionar la opción correcta (A, B o C).

Tiene que marcar la opción elegida en la **Hoja de respuestas**.

A B C
0.☐ ☐ ☐

Mensaje sin título

Archivo   Edición   Ver   Insertar   Formato   Herramientas   Tabla   Ventana   ?   Escriba una pregunta   ▾ ✕

⎯ ▾ | 🔲 📇 | 📇 ! ⬇ ▼ | 🔳 | ⬜ Opciones... ▾ | HTML   ▾

Para...   javi@gmail.com
CC...
Asunto: casa nueva

Times New Roman ▾ |12 ▾ | 🔺 ▾ | N K S | 📑 📑 📑 | 📋 📋 📋 📋 |

Hola, Javi:

¿Qué tal? El sábado hacemos una fiesta para inaugurar mi nuevo piso. Al fin tengo mi propia casa. La fiesta es a partir de las 9 de la noche y van a venir todos mis compañeros de trabajo, algunos vecinos de la antigua casa y los compañeros del curso de italiano.

Te cuento cómo llegar: vivo en Rivas, un pueblo que está a unos 17 kilómetros de Madrid, muy moderno y dinámico, con muchos parques y jardines.

Primero vas a Conde de Casal en metro o andando y allí coges el autobús 232 y te quedas en la tercera parada después de pasar el centro comercial. Si quieres, puedes preguntar al conductor por la parada de la Avenida de Pablo Iglesias con la calle Rosa Montero. El viaje dura unos veinte minutos.

Como ves, esta casa está lejos del centro, y por las mañanas tengo que levantarme muy pronto para llegar al trabajo a las nueve. Pero me gusta mucho porque tiene piscina y plaza de aparcamiento.

Bueno, te esperamos. Ah, y si puedes, trae algo de música para bailar.

Sonia

ES < 🔲 📁 📶 🔊 12:34

PREGUNTAS

1. Sonia escribe a Javi para…
   A) explicarle dónde vive.
   B) invitarlo a una fiesta.
   C) hablarle de su piso.

2. Para llegar al piso de Sonia, Javi va a…
   A) ir en autobús.
   B) andar 20 minutos.
   C) coger el metro.

3. El piso de Sonia está…
   A) después del centro comercial.
   B) bastante cerca de un parque.
   C) cerca de la estación de metro.

4. El nuevo piso de Sonia tiene…

A)

B)

C)

5. Sonia le pide a Javi…
   A) llegar a las 9.
   B) llevar música.
   C) comprar algo.

COMPRENSIÓN DE LECTURA

TAREA 2 Ejercicio 54

⌛ **HORA DE INICIO** ___:___

Instrucciones

Usted va a leer unos mensajes. Tiene que relacionar los mensajes (A-J) con las frases (de la 6 a la 11). Hay diez mensajes, incluido el ejemplo. Tiene que seleccionar seis.

Tiene que marcar las opciones elegidas en la **Hoja de respuestas**.

Ejemplo:

Frase 0: Va a estar más delgado.

La opción correcta es la **A**, porque anuncia una dieta.

```
   A  B  C  D  E  F  G  H  I  J
0. ▓  □  □  □  □  □  □  □  □  □
```

En una semana,
5 kilos menos
con la dieta Justina.

A

No lo olvides:
Juan se casa hoy a las 6.
Nos vemos en la puerta
de la iglesia.

B

Entra en Amelia.com, introduce tu apellido y dirección de correo electrónico y ya puedes usar tu tarjeta Minustaurus.

C

Ahora puedes conocer Asturias en un fin de semana.
Vuelos semanales.
Salida: los viernes desde Madrid, a las 17 horas. Regreso: los domingos, a las 16 horas.

D

Con los frigoríficos Simón, los alimentos se conservan mejor durante más tiempo. Nuevos modelos para tu hogar.

E

La película favorita de todos los niños.
En tu cine de siempre.
Los domingos, ven al cine en familia con nuestra oferta de fin de semana.

F

¿Necesitas una bici?
Tenemos todos los modelos, de paseo y de montaña.
Te la entregamos gratis en tu casa, por solo 16 €/mes.

G

La Tarjeta Selección 321 te permite sacar dinero en más de 600 000 cajeros automáticos en todo el mundo y pagar en tiendas, restaurantes, agencias de viaje…
Selección 321
4508 2100 3039 6011

H

Restaurante Ganga
Comida para llevar
Menú del día
10,50 €, de lunes a viernes
Abierto todos los días de 13:00 a 16:00 y de 20:00 a 24:00 h

I

Habitación para estudiantes.
Muy barata. Gastos de electricidad y agua incluidos.
Ambiente familiar y de estudio.

J

	FRASES	MENSAJES
0.	Va a estar más delgado.	A
6.	Más frío.	
7.	No hace falta el nombre.	
8.	Van a una boda.	
9.	Se puede utilizar en muchos lugares.	
10.	Abre por la noche.	
11.	Para hacer deporte en tu tiempo libre.	

⏳ **HORA DE FINALIZACIÓN** ___:___

COMPRENSIÓN DE LECTURA

TAREA 3 Ejercicio 55

⏳ HORA DE INICIO ___:___

Instrucciones

Usted va a leer unos anuncios con ofertas de viajes y vacaciones. Tiene que relacionar los anuncios (A-J) con los textos (del 12 al 17). Hay diez anuncios, incluido el ejemplo. Seleccione seis.

Tiene que marcar las opciones elegidas en la **Hoja de respuestas**.

Ejemplo:

Texto 0: Como no tenemos playa y a mí me gusta nadar, los fines de semana voy y paso allí todo el día con mis hijos.

La opción correcta es la letra **A.**

A B C D E F G H I J
0. ■ □ □ □ □ □ □ □ □ □

A

Piscinas
Las piscinas de tu ciudad tienen todo lo que necesitas. Abiertas desde las 12 del mediodía, con zonas de juego especiales para niños.

B

Biblioteca
De lunes a sábado, desde las 9 de la mañana a las 8 de la tarde, puedes leer las obras de los grandes autores de la literatura universal, sin pagar, totalmente gratis.

C

Discoteca
Para bailar toda la noche, con la mejor música actual, desde las 9 de la noche hasta las 4 de la madrugada. Solo cerramos los lunes.

D

Cine
Las películas más divertidas, las que más te gustan, ahora muy cerca de ti. Nuevos horarios. El miércoles, día del espectador, las entradas a mitad de precio.

E

Circo
Toda la emoción del circo, el mayor espectáculo del mundo llega a tu ciudad. Leones, payasos, tigres…, todo pensado para la diversión de toda la familia.

F

Exposición
Abierto de martes a domingo, de 10 de la mañana a 8 de la tarde. Exposiciones de obras de arte y pinturas de los mejores artistas del país.

G

Comedia
La comedia más vista en España llega ahora a tu ciudad. Con los mejores actores del momento, vas a pasar dos horas de amor y de humor.

H

Meriendas
Ven a merendar con tu familia a nuestros jardines. Servicio de bar, cafetería y restaurante todos los fines de semana del año.

I

Juegos para niños
Los pequeños se divierten en la piscina de bolas, con los dibujos y pinturas, los muñecos, y los coches.

J

Fútbol
El próximo sábado, a las 9 de la noche, los dos mejores equipos del campeonato juegan el partido más importante de la temporada.

	TEXTOS	VIAJES Y VACACIONES

0. Como no tenemos playa y a mí me gusta nadar, los fines de semana voy y paso allí todo el día con mis hijos.

A

12. Cuando no puedo ir al campo lo veo por la tele, pero es mucho más emocionante verlo en directo.

13. Quiero salir esta noche después de cenar para tomar una copa.

14. Al salir del colegio me llevo al niño a jugar un rato, pero en invierno, como hace frío, no lo puedo llevar al parque.

15. Tengo poco dinero para comprar libros, por eso todas las tardes voy un rato.

16. Este domingo quiero ir a ver los cuadros de Antonio López; seguro que, si vienes conmigo, te gustan.

17. ¿Por qué no vamos el día que es más barato? Ponen *Babosas IV*, te va a encantar.

⏳ **HORA DE FINALIZACIÓN** ___:___

COMPRENSIÓN DE LECTURA

TAREA 4 Ejercicio 56

⌛ HORA DE INICIO ___:___

Instrucciones

Usted va a leer el esquema de la literatura en español de la primera mitad del siglo XX, con los autores y las obras más importantes. A continuación, tiene que leer las preguntas (de la 18 a la 25) y seleccionar la opción correcta (A, B o C).

Tiene que marcar las opciones elegidas en la **Hoja de respuestas**.

LITERATURA EN ESPAÑOL
PRIMERA MITAD DEL SIGLO XX

Movimiento literario	Autor	Lugar de nacimiento	Nacimiento y muerte	Obras	Género
Modernismo	Rubén Darío	Ciudad Darío (Nicaragua)	1867-1916	*Prosas profanas*	Poesía
	Juan Ramón Jiménez	Moguer (Huelva-España)	1881-1958	*Platero y yo*	Cuentos
	Manuel Machado	Sevilla (España)	1874-1947	*El mal poema*	Poesía
Generación del 98	Miguel de Unamuno	Bilbao (España)	1864-1936	*Del sentimiento trágico de la vida*	Ensayo
	Pío Baroja	San Sebastián (España)	1872-1956	*El árbol de la ciencia*	Novela
	José Martínez Ruiz, *Azorín*	Monóvar (Alicante-España)	1873-1967	*La voluntad*	Novela
	Antonio Machado	Sevilla (España)	1875-1939	*Campos de Castilla*	Poesía
	Ramón María del Valle-Inclán	Villanueva de Arosa (Pontevedra-España)	1866-1936	*Luces de bohemia*	Teatro
Novecentismo	Ramón Gómez de la Serna	Madrid (España)	1888-1963	*Greguerías*	Prosa
Generación del 27	Jorge Guillén	Valladolid (España)	1893-1984	*Cántico*	Poesía
	Federico García Lorca	Fuente Vaqueros (Granada-España)	1898-1936	*La casa de Bernarda Alba*	Drama
	Rafael Alberti	El Puerto de Santa María (Cádiz-España)	1902-1999	*Marinero en tierra*	Poesía
	Luis Cernuda	Sevilla (España)	1902-1963	*La realidad y el deseo*	Poesía
	Pedro Salinas	Madrid (España)	1891-1951	*La voz a ti debida*	Poesía
	Vicente Aleixandre	Sevilla (España)	1898-1984	*Historia del corazón*	Poesía

PREGUNTAS

18. El nombre de Gómez de la Serna es _____.
    A) Juan.
    B) Ramón.
    C) Rafael.

19. Vicente Aleixandre y Luis Cernuda nacen en _____.
    A) Valladolid.
    B) Madrid.
    C) Sevilla.

20. El apellido de los hermanos escritores es _____.
    A) Jiménez.
    B) Machado.
    C) Azorín.

21. El título del libro del poeta nicaragüense es _____.
    A) *Campos de Castilla*.
    B) *La voz a ti debida*.
    C) *Prosas profanas*.

22. El autor de *Marinero en tierra* es de _____.
    A) El Puerto de Santa María.
    B) Villanueva de Arousa.
    C) Fuente Vaqueros.

23. Los autores más jóvenes de la Generación del 27 son Luis Cernuda y _____.
    A) Miguel de Unamuno.
    B) Rafael Alberti.
    C) Federico García Lorca.

24. Juan Ramón se apellida _____.
    A) Jiménez.
    B) García.
    C) Alberti.

25. El menor de los hermanos Machado se llama _____.
    A) Manuel.
    B) Miguel.
    C) Antonio.

HORA DE FINALIZACIÓN ___:___

COMPRENSIÓN AUDITIVA

Esta **prueba** tiene **4 tareas**.
Usted tiene que responder a 25 preguntas.
La duración es de 20 minutos.

TAREA 1 🔊 Pista 21 Ejercicio 57

Instrucciones   ⌛ HORA DE INICIO ___:___

Usted va a a escuchar cinco conversaciones. Hablan dos personas. Las conversaciones se repiten dos veces. Hay una pregunta y tres imágenes (A, B y C) para cada conversación. Usted tiene que seleccionar la imagen que responde a la pregunta.

Tiene que marcar las opciones elegidas en la **Hoja de respuestas**.

Ahora va a escuchar un ejemplo.

0. ¿Qué pide?

| A | B | C |

La opción correcta es la letra **A.**

  A B C
0. ■ ☐ ☐

1. ¿Qué hace después de cenar?

| A | B | C |

2. ¿Qué quiere comprar?

| A | B | C |

3. ¿Qué desayuna todos los días?

A　　　　　　　B　　　　　　　C

4. ¿Dónde está el abuelo?

A　　　　　　　B　　　　　　　C

5. ¿Dónde va a ir la mujer?

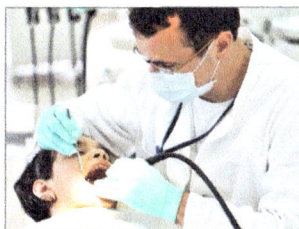

A　　　　　　　B　　　　　　　C

⧗ HORA DE FINALIZACIÓN ___:___

COMPRENSIÓN AUDITIVA

TAREA 2 🔊 Pista 22 Ejercicio 58

⏳ HORA DE INICIO ___:____

Instrucciones

Usted va a escuchar cinco mensajes. Cada mensaje se repite dos veces. Tiene que relacionar las imágenes (de la A a la I) con los mensajes (del 6 al 10). Hay nueve imágenes, incluido el ejemplo. Seleccione cinco.

Tiene que marcar las opciones elegidas en la **Hoja de respuestas**.

Ahora va a escuchar un ejemplo. Atención a las imágenes.

Mensaje 0: Se recuerda a los señores viajeros que es necesario permanecer sentados con el cinturón de seguridad abrochado.

La opción correcta es la letra **E.**

```
  A  B  C  D  E  F  G  H  I
0.☐  ☐  ☐  ☐  ■  ☐  ☐  ☐  ☐
```

	Mensajes	Imágenes
0.	Mensaje 0	E
6.	Mensaje 1	
7.	Mensaje 2	
8.	Mensaje 3	
9.	Mensaje 4	
10.	Mensaje 5	

A

B

C

D

E

F

G

H

I

⏳ HORA DE FINALIZACIÓN ___:____

COMPRENSIÓN AUDITIVA

TAREA 3 🔊 Pista 23 Ejercicio 59

⏳ HORA DE INICIO ___:___

Instrucciones

Usted va a a escuchar a un hombre, Esteban, que habla sobre las comidas de cada día. La información se repite dos veces. A la izquierda, están las comidas. A la derecha, la información sobre ellas. Usted tiene que relacionar los números (del 11 al 18) con las letras (de la A a la L). Hay doce letras, incluido el ejemplo. Seleccione ocho.

Tiene que marcar las opciones elegidas en la **Hoja de respuestas**.

Ahora va a escuchar un ejemplo.

En este restaurante la paella es muy buena.

La opción correcta es la letra **E**.

A B C D E F G H I J K L
0.☐☐☐☐■☐☐☐☐☐☐☐

0.	Restaurante	E
11.	Desayuno	
12.	Comida	
13.	Merienda	
14.	Bar-cafetería	
15.	Cena	
16.	Primer plato	
17.	Segundo plato	
18.	Postre	

A	café
B	tarta
C	fruta
D	leche
E	paella
F	bocadillo
G	sopa
H	carne
I	hamburguesa
J	ensalada
K	pescado
L	agua con gas

⏳ HORA DE FINALIZACIÓN ___:___

COMPRENSIÓN AUDITIVA

TAREA 4 🔊 Pista 24 Ejercicio 60

⏳ **HORA DE INICIO** ___:___

Instrucciones

Usted va a escuchar a una mujer, Sonia, que explica a un amigo cómo es su casa y los muebles que hay en cada habitación. Va a escuchar la conversación dos veces.

Usted tiene siete frases (de la 19 a la 25) que no están completas. Tiene que leer las frases y seleccionar una opción del cuadro (de la A a la I) para completar las frases, como en el ejemplo.

Tiene que marcar las opciones elegidas en la **Hoja de respuestas**.

Ahora tiene 30 segundos para leer las frases.

Decorar una casa

Ejemplo:

0. Hay dos cosas importantes para ____ **A** ____ una casa.

```
   A B C D E F G H I
0. ■ □ □ □ □ □ □ □ □
```

19. Para hacer de tu casa un espacio único, lo mejor es _____ toda la casa con un color.

20. Sonia utiliza el color gris en la _____.

21. En el suelo del salón de Sonia, hay una _____.

22. Las sillas son de _____ y están en el salón-comedor.

23. Las estanterías le sirven para colocar _____.

24. Las estanterías están en el _____.

25. La bañera y el lavabo en su casa son de _____ blanco.

A	**decorar**
B	madera
C	dormitorio
D	alfombra
E	pintar
F	comedor
G	blanco
H	libros
I	cocina

⏳ **HORA DE FINALIZACIÓN** ___:___

EXPRESIÓN ESCRITA

Esta **prueba** tiene **2 tareas**.
La duración es de 25 minutos.

TAREA 1 Ejercicio 61

⌛ HORA DE INICIO ___:____

Instrucciones

Un amigo suyo quiere ayudar a una Organización No Gubernamental (ONG). Ayúdele a completar el formulario de registro.

ONG NUESTRA AMÉRICA
Ficha de socio

Por favor, complete este formulario con letra clara.

Nombre:

Apellido(s):

Dirección:

Localidad:

Provincia:

N.° de pasaporte o documento de identificación:

Teléfono fijo:

Teléfono móvil:

Correo electrónico:

Nacionalidad:

Fecha de nacimiento: Día ☐☐ / Mes ☐☐ / Año ☐☐☐☐

Frecuencia de pago: ☐ Mes ☐ Tres meses ☐ Seis meses ☐ Año

☐ 10 € ☐ 20 € ☐ 30 € ☐ 50 € ☐ 100 € ☐ 150 € Otra cantidad ☐☐☐☐

Forma de pago: ☐ Banco ☐ Tarjeta

Cuenta bancaria:

    Entidad   Oficina   D.C.   Número de cuenta

Tarjeta de crédito:

¿Qué proyectos quiere hacer con su dinero? (10 a 15 palabras) _____

_____

_____

¿Qué países le interesan?_____

_____

¿Pertenece a alguna asociación? (5 a 10 palabras) _____

_____

¿Qué le gustaría hacer en esta ONG? (5 a 10 palabras)_____

_____

Firma del titular

Fecha: _____ de _____ de 20____

GRACIAS POR TU AYUDA

⏳ **HORA DE FINALIZACIÓN** ___:___

EXPRESIÓN ESCRITA

TAREA 2 Ejercicio 62

⏳ **HORA DE INICIO** ___:___

Instrucciones

Usted quiere pedir ropa a través de un catálogo. Escriba un correo electrónico a la tienda que vende por Internet. En el correo usted tiene que:

– saludar;
– explicar qué ropa usa normalmente;
– hablar de la ropa que le gusta;
– despedirse.

Número de palabras recomendadas: entre 30 y 40.

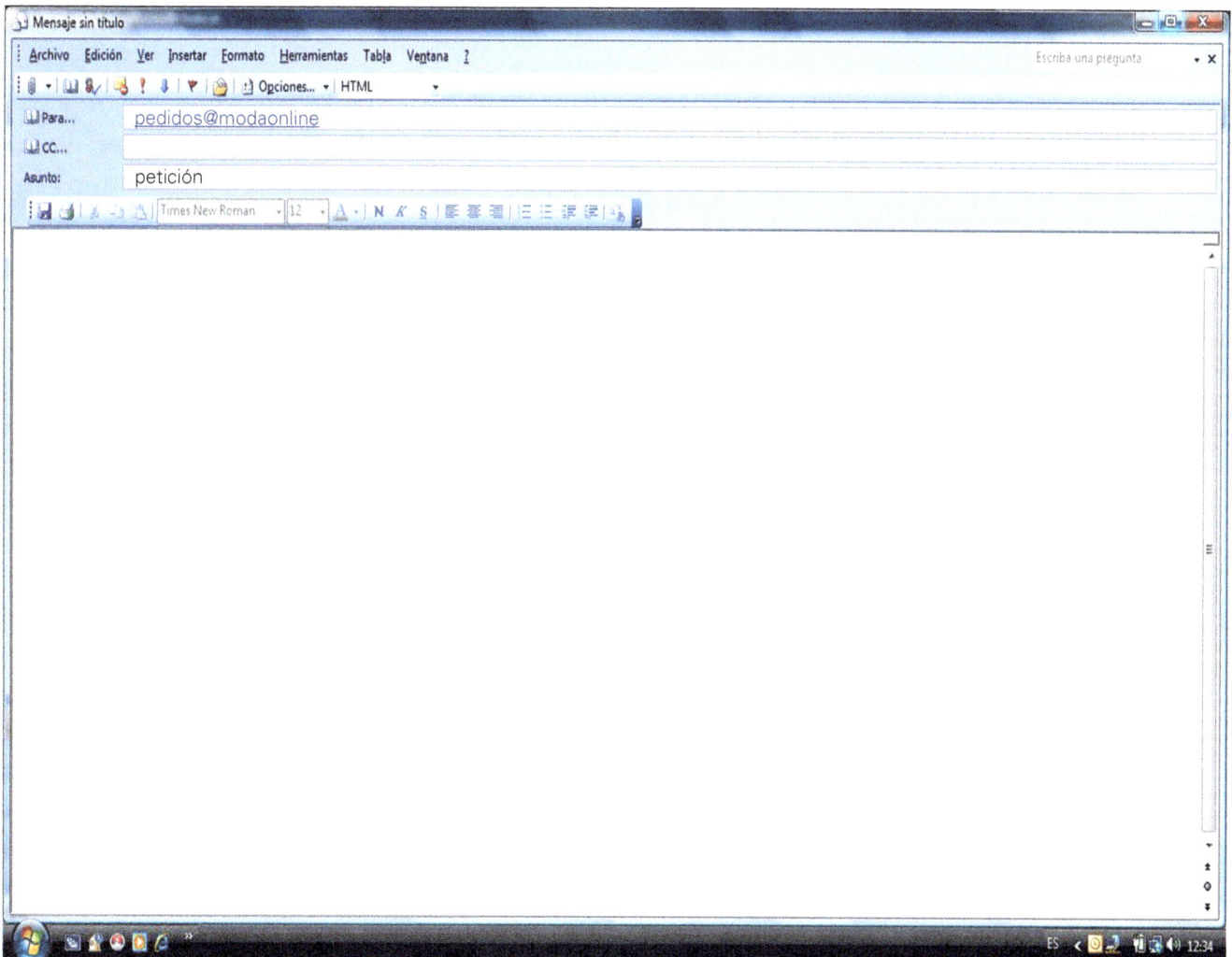

Mensaje sin título
Archivo Edición Ver Insertar Formato Herramientas Tabla Ventana ?   Escriba una pregunta
🔗 ▾	🕮 🌚	🐵 ❗ ⬇ ▼	📋	🗒 Opciones... ▾	HTML ▾
📧 Para...   pedidos@modaonline
📧 CC...
Asunto: petición
💾 🖨 𝐴 ▾ 🎨 Times New Roman ▾ 12 ▾ 𝐴 ▾	N 𝐾 S	▤ ▤ ▤ ▤	▤ ▤ ▤ ▤

⏳ **HORA DE FINALIZACIÓN** ___:___

EXPRESIÓN E INTERACCIÓN ORALES

TAREA 1 Ejercicio 63

PRESENTACIÓN PERSONAL DEL CANDIDATO

Instrucciones

Usted tiene que preparar su presentación personal para hablar **1 o 2 minutos** aproximadamente. Tiene que hablar sobre los siguientes aspectos:

NOMBRE

EDAD

TRABAJO

UN AMIGO

NACIONALIDAD

LENGUAS QUE HABLA

ESTUDIOS

EXPRESIÓN E INTERACCIÓN ORALES

TAREA 2 Ejercicio 64

EXPOSICIÓN DE UN TEMA

Instrucciones

Usted tiene que seleccionar **tres** de las cinco opciones para hablar durante **2 o 3 minutos** aproximadamente.

ROPA

ELECTRODOMÉSTICOS

MUEBLES

OBJETOS

TELÉFONO

COCHE

Instrucciones Tarea 3

* El entrevistador le va a hacer unas preguntas sobre el tema de la Tarea 2.
* Después, usted va a hacer dos preguntas al entrevistador sobre el tema de la Tarea 2.

Puede hablar de:
- ¿Tiene coche? ¿De qué color es?
- ¿Cómo son sus muebles?
- ¿Cuál es su prenda de ropa favorita?
- ¿Cuánto cuesta su teléfono móvil?
- ¿Qué electrodomésticos usa con más frecuencia?

EXPRESIÓN E INTERACCIÓN ORALES   **TAREA 3** Ejercicio 65

CONVERSACIÓN CON EL ENTREVISTADOR

INSTRUCCIONES

El entrevistador le va a hacer unas preguntas sobre el tema de la Tarea 2. Luego usted tiene que hacer dos preguntas al entrevistador sobre el tema del que están hablando.

COMPRENSIÓN DE LECTURA

Esta **prueba** tiene **4 tareas**.
Usted tiene que responder a 25 preguntas.
La duración es de 45 minutos.

TAREA 1 Ejercicio 66

⧖ HORA DE INICIO ___:___

Instrucciones

Usted va a leer una postal. A continuación tiene leer las preguntas (de la 1 a la 5) y seleccionar la opción correcta (A, B o C).

Tiene que marcar la opción elegida en la **Hoja de respuestas**.

```
   A  B  C
0.☐ ☐ ☐
```

Hola, Manuela:

Te escribo desde Madrid, ya estoy instalado aquí. Y la verdad, muchas gracias por tu consejo. La escuela es excelente, estoy encantado con el ambiente, con los profesores y con mis compañeros de clase.

Hoy vamos al centro y luego a tomar algo con otros alumnos del curso, porque en la clase somos muy pocos estudiantes, pero hay muchos cursos.

La profesora es una mexicana muy guapa y muy alta que siempre se ríe. En la clase hay también dos franceses, un alemán, una polaca y un italiano. Es la primera vez que vienen a España, pero ya hablan español muy bien.

Ya tengo algunos amigos españoles y todos los viernes quedo con ellos para salir, pero ¡¡a las 11 de la noche!! Siempre soy el primero en llegar. Aquí son muy divertidos, pero no son puntuales.

Lo mejor es que por la noche todos los bares y discotecas están llenos, así que, al principio, entramos a algún bar o a un pub, pero más tarde vamos a bailar, y, normalmente, estamos fuera hasta las 6 de la madrugada; por suerte, los sábados no hay clases. Cuídate mucho. Hasta pronto,

Fran

Manuela Laiseca

Calvet, 36

08021 Barcelona

PREGUNTAS

1. Fran le escribe a Manuela para…
   A) contarle su vida en Barcelona.
   B) hablarle de su escuela.
   C) agradecerle su consejo.

2. Fran está contento con…
   A) los horarios.
   B) los estudiantes.
   C) el fin de semana.

3. Los planes de Fran para esta tarde son…
   A) ir a bailar a una discoteca.
   B) salir a beber o comer algo en un bar.
   C) comprar en una tienda.

4. El viernes pasado, Fran…

 A)    B)    C)

5. El horario de clase es…
   A) desde el lunes al viernes.
   B) desde el lunes al sábado.
   C) todos los días de la semana.

⏳ HORA DE FINALIZACIÓN ___:____

COMPRENSIÓN DE LECTURA

TAREA 2 Ejercicio 67

⌛ HORA DE INICIO ___:___

Instrucciones

Usted va a leer unos mensajes. Tiene que relacionar los mensajes (A-J) con las frases (de la 6 a la 11). Hay diez mensajes, incluido el ejemplo. Tiene que seleccionar seis.

Tiene que marcar las opciones elegidas en la **Hoja de respuestas**.

Ejemplo:

Frase 0: Se añade a las comidas.

La opción correcta es la letra **E**, porque se puede tomar con carnes, pescados, etc.

```
     A  B  C  D  E  F  G  H  I  J
0.  [ ][ ][ ][ ][■][ ][ ][ ][ ][ ]
```

Gimnasio FID. Facilidades de pago, amplios horarios, matrícula gratuita. Si te apuntas tres meses, te regalamos otro (oferta válida para inscripciones en enero).	Todos los días un menú diferente para comer. Para cenar los sábados también abrimos (cenas de grupos, cumpleaños…). C/ Segura n.o 3. Jávea.	En caso de necesitar una cita con su médico, llame al 192 o a su centro de salud más cercano. Más información en www.gripea.madrid.org	Vendo piso en esta zona. Segunda planta, sin ascensor. Muy económico. Venta rápida. 678 337 654.
A	**B**	**C**	**D**

Ideal para tomar con todo tipo de carnes, pescados, mariscos o ensaladas clásicas.	No poner al sol a los niños menores de dos años, utilizar ropa adecuada y crema en brazos, piernas y cara.	No se puede mostrar la página web. Posibles causas: no está conectado a Internet, hay un problema con la página o la dirección no está bien escrita.	Las entradas se ponen a la venta el próximo sábado. Las taquillas van a permanecer abiertas desde las 10:00 de la mañana.
E	**F**	**G**	**H**

Únete a nuestra asociación y vas a ser el primero en recibir información sobre las ofertas especiales en más de cien tiendas especializadas.	La pared está recién pintada. No se acerque.
I	**J**

FRASES		MENSAJES
0.	Se añade a las comidas.	E
6.	Perdió la conexión.	
7.	La comida cambia cada día.	
8.	Es mejor estar lejos.	
9.	Hay que subir andando.	
10.	Lo que se debe hacer si está enfermo.	
11.	Está abierto muchas horas.	

HORA DE FINALIZACIÓN ___:___

COMPRENSIÓN DE LECTURA

TAREA 3 Ejercicio 68

⏳ HORA DE INICIO ___:___

Instrucciones

Usted debe leer estos anuncios de diferentes objetos personales y para la casa. Tiene que relacionar los anuncios (A-J) con los textos (del 12 al 17). Hay diez anuncios, incluido el ejemplo. Seleccione seis.

Tiene que marcar las opciones elegidas en la **Hoja de respuestas.**

Ejemplo:

Texto 0: Siempre me preguntan la hora, en la calle, en el trabajo, en casa, y siempre miro el teléfono para saber si llego tarde.

La opción correcta es la letra **A.**

```
  A B C D E F G H I J
0.■□□□□□□□□□
```

A

Relojes
Tenemos el reloj que necesitas: moderno, barato, elegante, divertido. Ahora con un descuento especial.

B

Muebles de cocina
Los armarios de cocina en los que puedes guardar y organizarlo todo. ven a verlos.

C

Gafas
Hay gafas para personas de todas las edades. Modernas, elegantes y clásicas.

D

Televisiones
Tenemos la televisión de tus sueños, con la tecnología más moderna y avanzada. Este mes, con ofertas especiales.

E

Móviles
No busques más: el móvil que más te gusta está a la venta en nuestras tiendas de toda la ciudad. Ven y cómpralo.

F

Maletas
Maletas de todos los tamaños: pequeñas, grandes, duras. Ven a verlas, sin compromiso.

G

Camas
Camas de matrimonio, para jóvenes, clásicas y modernas, de niños, todos los modelos, puedes encontrarlas en nuestro centro comercial.

H

Ordenadores
Se venden ordenadores para oficinas y también para casa, con programas actualizados.

I

Sillas
Ven a ver la colección de sillas de comedor que hay en nuestra exposición, a precios excepcionales.

J

Bolsos
Vendemos bolsos para señora, de fiesta y para utilizar a diario, en el trabajo o en las reuniones con amigos.

	TEXTOS		**COMPRAS**
0.	Siempre me preguntan la hora, en la calle, en el trabajo, en casa, y siempre miro el teléfono para saber si llego tarde.		**A**
12.	Cuando salgo de casa, mis amigos no pueden hablar conmigo y a veces mi familia me necesita y no saben dónde estoy.		
13.	Voy de viaje la próxima semana y tengo que poner toda la ropa y los libros que voy a llevar.		
14.	Quiero comprar uno para ver películas, jugar, escribir correos electrónicos, chatear y navegar por Internet desde casa.		
15.	No tengo sitio para las llaves, para la tarjeta de crédito, para mis documentos de identidad, para el móvil y para llevar los lápices y bolígrafos.		
16.	Hace tiempo que no veo bien; me duele la cabeza si leo mucho o cuando veo la televisión.		
17.	Mi nuevo dormitorio es muy pequeño y quiero todos los muebles de color blanco.		

⧗ **HORA DE FINALIZACIÓN** ___:___

COMPRENSIÓN DE LECTURA

Instrucciones

Usted va a leer el horario de trenes desde Ciudad Real a Sevilla. A continuación, tiene que leer las preguntas (de la 18 a la 25) y seleccionar la opción correcta (A, B o C).

Tiene que marcar las opciones elegidas en la **Hoja de respuestas**.

HORARIO DE TRENES

Ciudad Real – Sevilla

Tipo de tren	Salida	Llegada	Días de circulación	Paradas	Precio	Servicios
Expreso	07:51	9:35	Diario, del 13-12 al 03-04. No sale el 25-12 ni el 01-01.	Puertollano Córdoba	Turista: 36,70 € Primera: 45,55 €	Bar-Cafetería
AVE	07:19	09:05	De lunes a sábado, del 13-02 al 12-12.	Córdoba	Turista: 52,90 € Primera: 79,90 €	Restaurante Vídeo Música Bar-Cafetería Aire acondicionado
Intercity	10:57	13:07	Viernes, sábado y domingo, del 19-09 al 06-07.	Puertollano Córdoba	Turista: 41,20 € Primera: 53,50 €	Vídeo Música Cafetería Aire acondicionado
Talgo	12:05	14:15	Fines de semana y festivos, del 03-06 al 14-09.	Puertollano Córdoba	Turista: 46,30 € Primera: 55,15 €	Restaurante Vídeo Música Cafetería Aire acondicionado
AVE	13:20	15:05	Diario, del 02-01 al 30-12.	Directo	Turista: 54,25 € Primera: 82,30 €	Restaurante Vídeo Música Cafetería Aire acondicionado
Intercity	19:50	22:01	Diario.	Puertollano Córdoba	Turista: 41,20 € Primera: 53,50 €	Vídeo Música Cafetería Aire acondicionado
Regional	22:51	01:22	De domingo a viernes, del 04-04 al 12-12.	Puertollano Córdoba	Turista: 33,20 € Primera: 37,85 €	Vídeo Cafetería Aire acondicionado

PREGUNTAS

18. El primer día del año no se puede viajar en el _____.
    a) Expreso.
    b) Intercity.
    c) Talgo.

19. Se puede pedir un menú en los trenes _____.
    a) AVE.
    b) Regional.
    c) Expreso.

20. No se puede viajar en el _____ los sábados.
    a) Regional
    b) Expreso
    c) Talgo

21. No tiene paradas el tren que sale a las _____.
    a) 13:20.
    b) 7:19.
    c) 19:50.

22. En primera clase, el precio más barato es el del _____.
    a) Expreso.
    b) AVE.
    c) Regional.

23. Para llegar a las nueve y cinco a Sevilla, en clase turista, pagas _____.
    a) 36,70 €.
    b) 52,90 €.
    c) 79,90 €.

24. Todos los días del año se puede viajar en el Intercity que sale a las _____.
    a) 22:01.
    b) 10:57.
    c) 19:50.

25. Sale de Ciudad Real todos los días de fiesta a las _____.
    a) 12:05.
    b) 07:51.
    c) 22:51.

⧗ HORA DE FINALIZACIÓN ___:___

COMPRENSIÓN AUDITIVA

Esta **prueba** tiene **4 tareas**.
Usted tiene que responder a 25 preguntas.
La duración es de 20 minutos.

TAREA 1 🔊 Pista 25 Ejercicio 70

⏳ **HORA DE INICIO** ___:___

Instrucciones

Usted va a a escuchar cinco conversaciones. Hablan dos personas. Las conversaciones se repiten dos veces. Hay una pregunta y tres imágenes (A, B y C) para cada conversación. Usted tiene que seleccionar la imagen que responde a la pregunta.

Tiene que marcar las opciones elegidas en la **Hoja de respuestas**.

Ahora va a escuchar un ejemplo.

0. ¿Dónde puede encontrarlo?

A   B   C

La opción correcta es la letra **A.**

```
    A  B  C
0. ■ □ □
```

1. ¿A dónde va esta tarde?

A   B   C

2. ¿A qué se dedica?

A   B   C

3. ¿Dónde están las llaves?

A

B

C

4. ¿Qué va a alquilar?

A

B

C

5. ¿Qué les gusta?

A

B

C

⏳ HORA DE FINALIZACIÓN ___:____

COMPRENSIÓN AUDITIVA

TAREA 2 🔊 Pista 26 Ejercicio 71

⏳ HORA DE INICIO ___:___

Instrucciones

Usted va a escuchar cinco mensajes. Cada mensaje se repite dos veces. Tiene que relacionar las imágenes (de la A a la I) con los mensajes (del 6 al 10). Hay nueve imágenes, incluido el ejemplo. Seleccione cinco.

Tiene que marcar las opciones elegidas en la **Hoja de respuestas**.

Ahora va a escuchar un ejemplo. Atención a las imágenes.

Mensaje 0: ¿Cómo lo haces?

La opción correcta es la letra **I.**

```
   A B C D E F G H I
0.□ □ □ □ □ □ □ □ ■
```

	Mensajes	Imágenes
0.	Mensaje 0	I
6.	Mensaje 1	
7.	Mensaje 2	
8.	Mensaje 3	
9.	Mensaje 4	
10.	Mensaje 5	

A

B

C

D

E

F

G

H

I

⏳ HORA DE FINALIZACIÓN ___:___

TAREA 3 🔊 Pista 27 Ejercicio 72

⏳ **HORA DE INICIO** ___:___

Instrucciones

Usted va a a escuchar a una mujer, Mercedes, que enseña una foto de su familia a una amiga y le cuenta quiénes son cada uno y qué cosas tienen. La información se repite dos veces. A la izquierda, están las personas de su familia. A la derecha, la información sobre ellas. Usted tiene que relacionar los números (del **11** al **18**) con las letras (de la A a la L). Hay doce letras, incluido el ejemplo. Seleccione ocho.

Tiene que marcar las opciones elegidas en la **Hoja de respuestas**.

Ahora va a escuchar un ejemplo.

El de gafas en esta foto es mi padre; trabaja en una oficina.

La opción correcta es la letra **J**.

```
    A  B  C  D  E  F  G  H  I  J  K  L
0. ☐  ☐  ☐  ☐  ☐  ☐  ☐  ☐  ☐  ■  ☐  ☐
```

0. Padre	**E**	**A** es tímida
11. Madre		**B** es gordo
12. Hermano mayor		**C** lleva un libro
13. Novia de Andrés		**D** habla mucho
14. Hermana pequeña		**E** tiene los ojos azules
15. Amigo de Raquel		**F** es delgado
16. Primo		**G** es simpático
17. Tía		**H** tiene el pelo corto
18. Abuelo		**I** es guapa
		J lleva gafas
		K es morena
		L tiene el pelo largo

⏳ **HORA DE FINALIZACIÓN** ___:___

COMPRENSIÓN AUDITIVA

TAREA 4 🔊 Pista 28 Ejercicio 73

⏳ **HORA DE INICIO** ___:___

Instrucciones

Usted va a escuchar una entrevista sobre un famoso festival de cine que tiene lugar en la ciudad de Sevilla. Va a escuchar la audición dos veces.

Usted tiene siete frases (de la 19 a la 25) que no están completas. Tiene que leer las frases y seleccionar una opción del cuadro (de la A a la I) para completar las frases, como en el ejemplo.

Tiene que marcar las opciones elegidas en la **Hoja de respuestas**.

Ahora tiene 30 segundos para leer las frases.

Festival de cine de Sevilla

Ejemplo:

0. El Festival de cine de Sevilla se celebra en el mes de ____ **A** ____.

```
   A B C D E F G H I
0. ■ □ □ □ □ □ □ □ □
```

19. En el festival se pueden ver muchas _____ europeas.

20. Este festival se realiza _____.

21. Las películas son en los _____ Nervión y en el teatro Lope de Vega.

22. Este año, el festival termina el _____ de noviembre.

23. La mayoría de las películas que se van a ver este año son de _____.

24. En las películas de otros países también hay diferentes _____ españoles.

25. El curso sobre el mito de Carmen se celebra _____ del Festival.

A	**noviembre**
B	antes
C	2001
D	estrellas
E	trece
F	películas
G	actores
H	teatro
I	Holanda

⏳ **HORA DE FINALIZACIÓN** ___:___

EXPRESIÓN ESCRITA

Esta **prueba** tiene **2 tareas**.
La duración es de 25 minutos.

TAREA 1 Ejercicio 74

⏳ **HORA DE INICIO** ___:___

Instrucciones

Usted quiere comprar ropa por correo. Tiene que completar la hoja de pedido.

LA VACA FLACA
Compra por correo

Camisa
Referencia: 02-37
Precio: 15 €

Pantalón
Referencia: 02-62
Precio: 23 €

Falda
Referencia: 03-59
Precio: 25 €

Zapatos
Referencia: 02-53
Precio: 32 €

Escriba todos sus datos, por favor.

Referencia	Cantidad	Producto	Talla	Precio	Total
01-76	1	Gastos de envío		2 €	2 €
				Total (IVA incluido)	

Pedido mínimo: 45 €

Nombre y Apellido(s): _____

Fecha de nacimiento: Día ____ / Mes ____ / Año ____

Nacionalidad: _____

Teléfono: _____

Correo electrónico: _____

Dirección:

Calle: _____ Número: _____ Piso: ____ Letra: ____

Ciudad: _____ Código Postal: _____ País: _____

Número de productos que pide: _____

☐ Pago en efectivo   ☐ Pago con tarjeta

☐ Visa   ☐ American Express   ☐ Maestro

Número de su tarjeta

¿Qué ropa usa normalmente? (5 a 15 palabras) _____

_____

¿Qué compra por Internet? (10 a 15 palabras)_____

_____

¿Qué prenda de vestir le gusta más? (5 a 10 palabras) _____

_____

¿Prefiere la ropa cómoda o la ropa elegante? _____

Fecha y firma

¡Muchas gracias por su pedido!

🕰 **HORA DE FINALIZACIÓN ___:___**

EXPRESIÓN ESCRITA

⧗ HORA DE INICIO ___:____

Instrucciones

Usted quiere visitar la ciudad de Buenos Aires. Escriba un correo electrónico a la oficina de turismo para pedir información. En el correo usted tiene que:

– saludar;
– explicar qué lugares quiere visitar;
– hablar de la época del año en que va a viajar;
– despedirse.

Número de palabras recomendadas: entre 30 y 40.

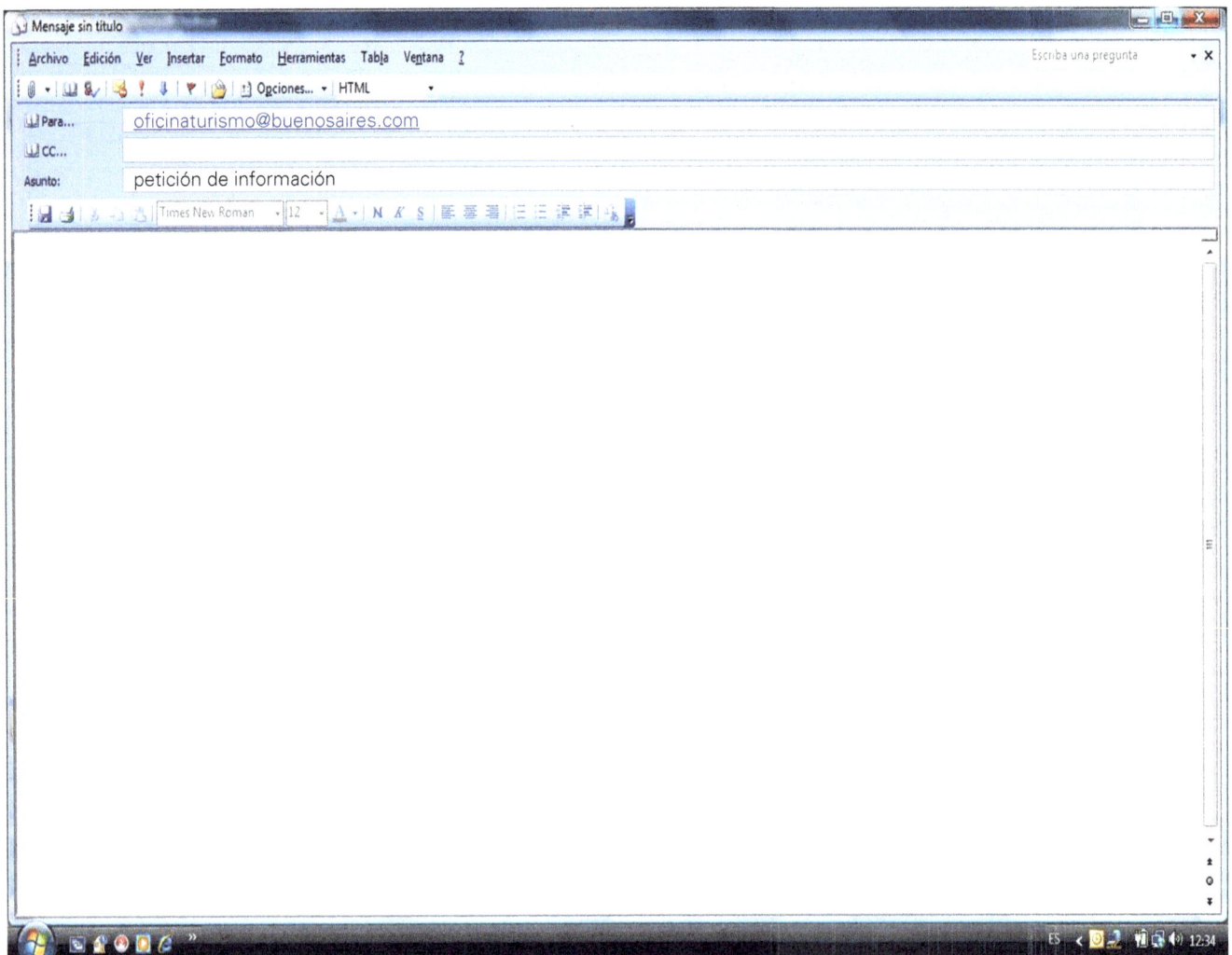

Mensaje sin título	

Archivo   Edición   Ver   Insertar   Formato   Herramientas   Tabla   Ventana   ?   Escriba una pregunta

⬇ · ⬜ ⬜ · ⬜ ! ↓ ▼ ⬜ ⬜ Opciones... ▾ HTML   ▾

Para...   oficinaturismo@buenosaires.com

CC...

Asunto: petición de información

Times New Roman ▾ 12 ▾ A ▾ N K S

⧗ HORA DE FINALIZACIÓN ___:____

EXAMEN 5

EXPRESIÓN E INTERACCIÓN ORALES

TAREA 1 Ejercicio 76

PRESENTACIÓN PERSONAL DEL CANDIDATO

Instrucciones

Usted tiene que preparar su presentación personal para hablar **1 o 2 minutos** aproximadamente. Puede hablar sobre los siguientes aspectos:

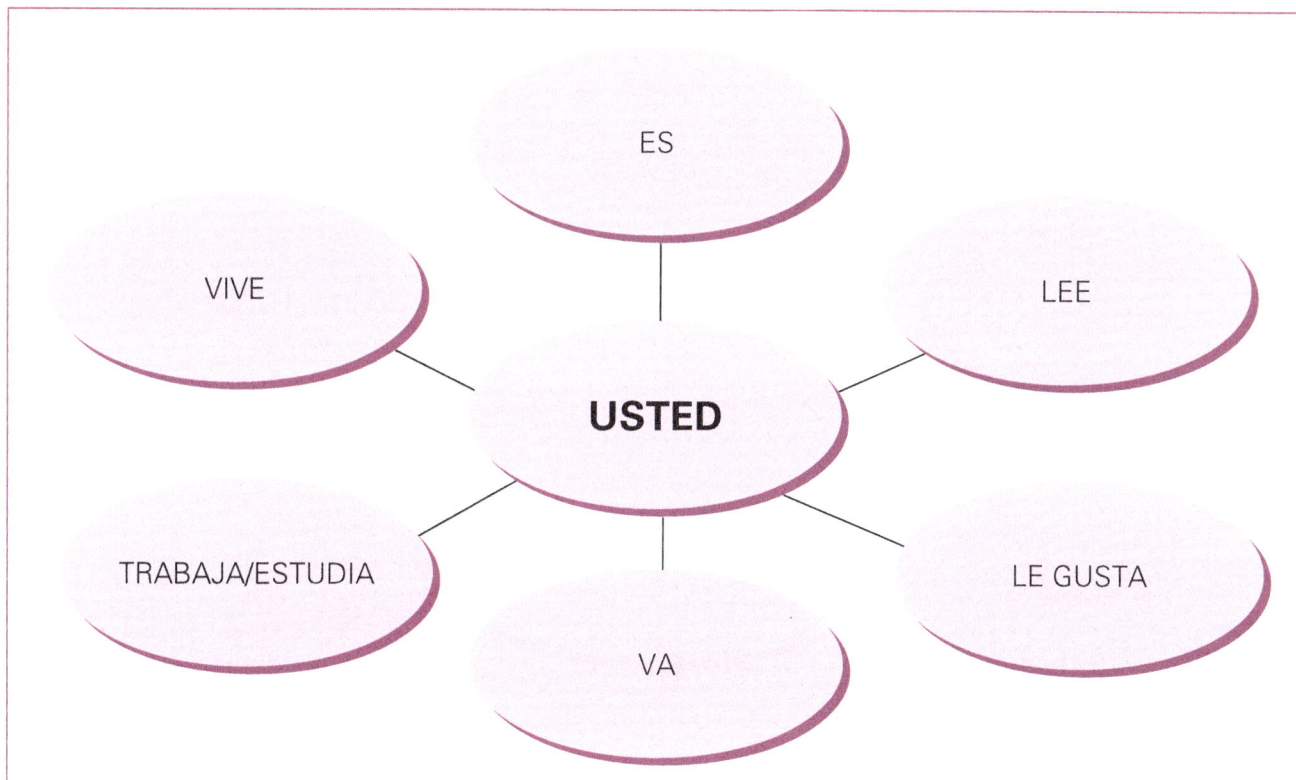

ES

VIVE

LEE

USTED

TRABAJA/ESTUDIA

LE GUSTA

VA

EXPOSICIÓN DE UN TEMA

Instrucciones

Usted tiene que seleccionar **tres** de las cinco opciones para hablar durante **2 o 3 minutos** aproximadamente.

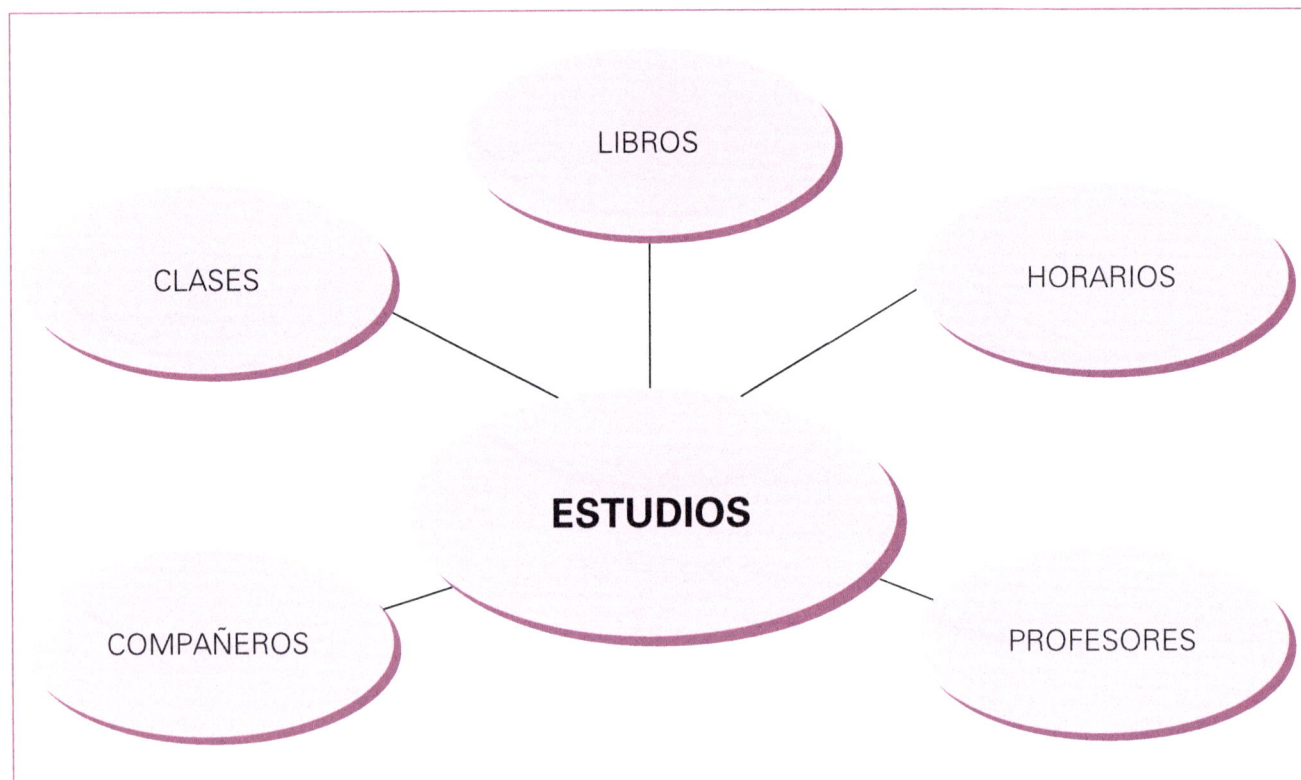

```
            LIBROS

CLASES                  HORARIOS

            ESTUDIOS

COMPAÑEROS              PROFESORES
```

Instrucciones Tarea 3

* El entrevistador le va a hacer unas preguntas sobre el tema de la Tarea 2.
* Después, usted va a hacer dos preguntas al entrevistador sobre el tema de la Tarea 2.

Puede hablar de:
- ¿Cuántos libros tiene?
- ¿Cómo son sus compañeros?
- ¿Cuáles son sus profesores favoritos?
- ¿Qué clases le gustan más?
- ¿Qué horarios de clase tiene?

EXPRESIÓN E INTERACCIÓN ORALES

TAREA 3 Ejercicio 78

CONVERSACIÓN CON EL ENTREVISTADOR

Instrucciones

El entrevistador le va a hacer unas preguntas sobre el tema de la Tarea 2. Luego usted tiene que hacer dos preguntas al entrevistador sobre el tema del que están hablando.

COMPRENSIÓN DE LECTURA

Esta **prueba** tiene **4 tareas**.
Usted tiene que responder a 25 preguntas.
La duración es de 45 minutos.

TAREA 1 Ejercicio 79

⌛ **HORA DE INICIO** ___:___

Instrucciones

Usted va a leer un correo electrónico. A continuación tiene que leer las preguntas (de la 1 a la 5) y seleccionar la opción correcta (A, B o C).

Tiene que marcar la opción elegida en la **Hoja de respuestas**.

```
        A  B  C
0.     [ ][ ][ ]
```

Mensaje sin título

Archivo   Edición   Ver   Insertar   Formato   Herramientas   Tabla   Ventana   ?   Escriba una pregunta   ▾ ✕

📎 ▾ | 🔖 📇 ✓ | 📨 ! ↓ | ✉ | 📋 | 🔁 Opciones... ▾ | HTML   ▾

Para...   alicia@gmail.com
CC...
Asunto: tortilla de patatas

💾 🖨 | ▴ ▴ ▴ | Times New Roman ▾ | 12 ▾ | ▴ ▾ | N K S | ▤ ▤ ▤ | ▤ ▤ ▦ ▦ | ▴

Hola, Alicia:

Gracias por tu fiesta de cumpleaños el otro día: buena música, buena compañía; tus padres son muy simpáticos y la comida… exquisita, sobre todo la tortilla de patatas.

Te escribo porque esta semana termina mi curso de bailes latinos y queremos hacer una pequeña fiesta en casa del profesor: cada uno va a preparar algún plato típico (como hay gente de muchos países va a ser un buen momento para probar comidas de todo el mundo). A mí me toca hacer algunas cosas, entre ellas, la tortilla de patatas y la verdad es que tu tortilla me gusta mucho, siempre la haces perfecta, con la sal necesaria y sin mucho aceite.

¿Puedes darme la receta? Huevos, aceite, patatas y cebolla son los ingredientes, ¿no?, ¿tienes algún ingrediente secreto?, porque creo que la tuya es diferente, ¿lleva algo más? Te prometo que no se lo voy a decir a nadie más, pero el próximo sábado quiero sorprender a mis compañeros, y especialmente a Ignacio, que es mi pareja de baile y es un chico muy simpático.

Espero tu correo. Gracias y un beso,

Elisa

ES ◂ 🔲 🔋 ▮📶🔊 12:34

PREGUNTAS

1. Elisa escribe este correo a Alicia para…
   A) felicitarle su cumpleaños.
   B) invitarla a una fiesta.
   C) pedirle una receta.

2. A Elisa le sorprende el carácter de…
   A) la música.
   B) sus padres.
   C) su comida.

3. Elisa aprende a…
   A) bailar.
   B) cocinar platos.
   C) tocar música.

4. Elisa va a ir a la casa del profesor…
   A) con una comida.
   B) a practicar bailes latinos.
   C) a aprender otras recetas.

5. La tortilla de patatas que hace Alicia no lleva…

A)

B)

C)

⌛ **HORA DE FINALIZACIÓN** ___:___

COMPRENSIÓN DE LECTURA

TAREA 2 Ejercicio 80

⌛ **HORA DE INICIO** ___:____

Instrucciones

Usted va a leer unos mensajes. Tiene que relacionar los mensajes (A-J) con las frases (de la 6 a la 11). Hay diez mensajes, incluido el ejemplo. Tiene que seleccionar seis.

Tiene que marcar las opciones elegidas en la **Hoja de respuestas**.

Ejemplo:

Frase 0: Le gustan las películas.

La opción correcta es la **H**, porque entre sus aficiones está el cine.

```
   A  B  C  D  E  F  G  H  I  J
0.□ □ □ □ □ □ □ ■ □ □
```

A	B	C	D
Lleven guantes y bufanda a la excursión del miércoles a la montaña mágica de Entrepeñas.	En caso de incendio, el teléfono de emergencia para llamar a los bomberos es el 112.	Los alumnos suspensos tienen que presentar su trabajo antes de fin de curso.	De lunes a viernes hay menú del día. Tres primeros platos, tres segundos, postre, pan y bebida: 9 euros.

E	F	G	H
La Dirección del centro ha decidido suspender la fiesta de fin curso a causa de la nieve de la última semana.	También puedes enviar tus cartas a través de nuestra web www.tuyaparticipa.arg a la sección Práctica.	Por respeto a los enfermos, guarde silencio.	Chico tranquilo, amable y abierto busca relación con otros jóvenes de su edad y aficiones parecidas (música, cine, teatro, deporte y literatura).

I	J
Deje una nota encima de la mesa del bibliotecario, si quiere buscar un libro que no encuentra.	La matrícula del curso debe pagarse antes de empezar las clases.

FRASES		MENSAJES
0.	Le gustan las películas.	H
6.	Se puede elegir la comida.	
7.	Si hay un fuego.	
8.	No se debe hablar.	
9.	Ropa para hacer un viaje.	
10.	Cómo se hace una petición.	
11.	Plazo para presentar un texto.	

HORA DE FINALIZACIÓN ___:____

COMPRENSIÓN DE LECTURA

TAREA 3 Ejercicio 81

⏳ HORA DE INICIO ___:___

Instrucciones

Usted debe leer estos anuncios con productos que pueden comprarse en un supermercado. Tiene que relacionar los anuncios (A-J) con los textos (del 12 al 17). Hay diez anuncios, incluido el ejemplo. Seleccione seis.

Tiene que marcar las opciones elegidas en la **Hoja de respuestas**.

Ejemplo:

Texto 0: Voy a salir de excursión y quiero hacer unas tortillas y algún bocadillo de carne.

La opción correcta es la letra **A.**

```
    A  B  C  D  E  F  G  H  I  J
0. ■ □  □  □  □  □  □  □  □  □
```

A

Filete de ternera
Con la compra de 2 kilos, regalamos una docena de huevos. Solo esta semana, a 7 €/kilo.

B

Frutas
Naranjas, manzanas, peras. Precios especiales. Ideales para hacer zumos naturales o mermeladas. Máxima calidad al mejor precio.

C

Quesos
Nacionales y extranjeros de todos los tipos, para bocadillos, ensaladas, postres y todo tipo de recetas. Este mes, grandes descuentos si compras 1 kilo.

D

Helados
Ahora que se acerca el verano, nuestros frigoríficos te ofrecen helados de todos los sabores: chocolate, vainilla, naranja, mango, limón...

E

Limpieza
Productos de limpieza para el hogar. Primeras marcas, calidad y buen precio. Detergentes, jabones, todo lo que necesitas para tener tu casa limpia y perfecta.

F

Pescado
Fresco y congelado, siempre elegimos el mejor. Del mar a su mesa. Amplia variedad de mariscos y de pescados en conserva.

G

Productos de higiene
Gran selección de productos de higiene. Gel de ducha y baño, champú y cepillos de dientes con el 10 % de descuento.

H

Chocolate y dulces
Para regalar, para celebrar una fiesta, para endulzar tu vida. Prueba nuestros nuevos bombones de chocolate.

I

Lácteos
Leche entera, desnatada y semidesnatada, pero también puede encontrar yogures de todos los sabores y para todas las edades.

J

Horno de pan
Pan del día, recién hecho, tartas y bollería fina.

TEXTOS

LA COMPRA

0. Voy a salir de excursión y quiero hacer unas tortillas y algún bocadillo de carne.

A

12. Ya solo me falta ir a la panadería para preparar mañana tostadas en el desayuno.

13. Tengo una cena de cumpleaños y quiero llevar de regalo algo dulce.

14. Este fin de semana, además de barrer y fregar toda la casa, tengo que poner una lavadora.

15. Estoy cansado de comer carne; todos los días como algo de carne, una hamburguesa, un filete, por eso quiero preparar algo diferente, trucha, merluza, no sé, tal vez unas gambas.

16. Me gusta preparar mis propios zumos por la mañana, para el desayuno.

17. Me gusta muy frío; después de comer, siempre tomo uno, no importa si hace frío o calor. Lo tomo todo el año.

⏳ **HORA DE FINALIZACIÓN** ___:___

COMPRENSIÓN DE LECTURA

⏳ **HORA DE INICIO ___:____**

Instrucciones

Usted va a leer la cartelera cinematográfica de una provincia española. A continuación, tiene que leer las preguntas (de la 18 a la 25) y seleccionar la opción correcta (A, B o C).

Tiene que marcar las opciones elegidas en la **Hoja de respuestas**.

CARTELERA CINEMATOGRÁFICA
ALICANTE
31 de agosto de 2021

Localidad	Cine	Sala	Película	Horario de sesiones
ALICANTE	**Gran Vía**	1	*Pudor*	18:00/20:15/22:30
		2	*El corazón de la tierra*	16:15/18:20/20:25/22:45
		3	*La cosecha*	16:20/18:25/20:20/22:45
		4	*¡Porque lo digo yo!*	18:20/20:30/22:45
	Astoria		*Madrigal*	18:00/22:30
	Plaza Mar	1	*El cuerpo de Cristo*	21:45/23:45
		2	*Ciudad del silencio*	20:20/22:20/00:20
		3	*Lola*	22:30/00:30
		4	*En busca de la felicidad*	22:00
	Vista Hermosa	1	*Atlas de geografía humana*	22:20/00:35
		2	*El corazón de la tierra*	16.15/18:15/20:15/22:15/00:15
	Yelmo	1	*El buen pastor*	17:45/21:00/00:15
		2	*La vida de los otros*	17:15/19:45
		3	*Fuera de juego*	16:30/18:15
SAN VICENTE	**Ábaco**	1	*Moscow Zero*	20:10/22:00/00:10
		2	*Rebelión en la isla*	15:50/17:50
ELCHE	**ABC**	1	*Perro alfa*	22:35/00:55
		2	*El tirador*	17:40/20:05/22:35
	Navas		*United 93*	18:00/20:15/22:30
TORREVIEJA	**Asuán**	1	*Las vacaciones de Mr. Bean*	19:00/21:00/23:00
		2	*300*	18:00/20:15
		3	*Los mensajeros*	21:00/23:00

PREGUNTAS

18. La primera sesión de San Vicente empieza a las _____.
    a) 00:10.
    b) 15:50.
    c) 17:50.

19. La película que se titula solamente con un número se proyecta en el cine _____.
    a) Ábaco.
    b) Navas.
    c) Asuán.

20. En la última sesión de Alicante, se puede ver _____.
    a) *Ciudad del silencio*.
    b) *Lola*.
    c) *Atlas de geografía humana*.

21. Puedo ver la misma película en los cines _____.
    a) Gran Vía y Vista Hermosa.
    b) Plaza Mar y Asuán.
    c) Ábaco y Yelmo.

22. La película que menos sesiones tiene al día es _____.
    a) *La cosecha*.
    b) *El corazón de la tierra*.
    c) *En busca de la felicidad*.

23. En Torrevieja, la última sesión empieza a las _____.
    a) 18:00.
    b) 20:15.
    c) 23:00.

24. En la sala 2 del Cine Yelmo, se puede ver _____.
    a) *El buen pastor*.
    b) *La vida de los otros*.
    c) *Fuera de juego*.

25. En Alicante, el cine con una sola sala es el _____.
    a) Navas.
    b) Astoria.
    c) Vista Hermosa.

⌛ **HORA DE FINALIZACIÓN** ___:___

COMPRENSIÓN AUDITIVA

Esta **prueba** tiene **4 tareas**.
Usted tiene que responder a 25 preguntas.
La duración es de 20 minutos.

TAREA 1 🔊 Pista 29 Ejercicio 83

Instrucciones

⏳ **HORA DE INICIO** ___:___

Usted va a a escuchar cinco conversaciones. Hablan dos personas. Las conversaciones se repiten dos veces. Hay una pregunta y tres imágenes (A, B y C) para cada conversación. Usted tiene que seleccionar la imagen que responde a la pregunta.

Tiene que marcar las opciones elegidas en la **Hoja de respuestas**.

Ahora va a escuchar un ejemplo.

0. ¿En qué piso vive?

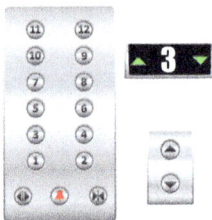

A	**B**	**C**

La opción correcta es la letra **A**.

A B C
0. ■ □ □

1. ¿Qué hace antes de comer?

A	**B**	**C**

2. ¿Cómo va a ir vestida?

A	**B**	**C**

3. ¿Dónde está el horario?

A

B

C

4. ¿Qué tiene el edificio?

A

B

C

5. ¿Dónde está?

A

B

C

HORA DE FINALIZACIÓN ___:____

COMPRENSIÓN AUDITIVA

TAREA 2 🔊 Pista 30 Ejercicio 84

⏳ **HORA DE INICIO** ___:____

Instrucciones

Usted va a escuchar cinco mensajes. Cada mensaje se repite dos veces. Tiene que relacionar las imágenes (de la A a la I) con los mensajes (del 6 al 10). Hay nueve imágenes, incluido el ejemplo. Seleccione cinco.

Tiene que marcar las opciones elegidas en la **Hoja de respuestas**.

Ahora va a escuchar un ejemplo. Atención a las imágenes.

Mensaje 0: Este es mi libro.

La opción correcta es la letra **B.**

A B C D E F G H I
0.☐ ■ ☐ ☐ ☐ ☐ ☐ ☐ ☐

	Mensajes	Imágenes
0.	Mensaje 0	B
6.	Mensaje 1	
7.	Mensaje 2	
8.	Mensaje 3	
9.	Mensaje 4	
10.	Mensaje 5	

A

B

C

D

E

F

G

H

I

⏳ **HORA DE FINALIZACIÓN** ___:____

COMPRENSIÓN AUDITIVA

TAREA 3 🔊 Pista 31 Ejercicio 85

⏳ **HORA DE INICIO** ___:___

Instrucciones

Usted va a escuchar a un hombre, Alejandro, que habla sobre la vida cotidiana de algunas personas. La información se repite dos veces. A la izquierda, están las personas. A la derecha, la información sobre ellas. Usted tiene que relacionar los números (del 11 al 18) con las letras (de la A a la L). Hay doce letras, incluido el ejemplo. Seleccione ocho.

Tiene que marcar las opciones elegidas en la **Hoja de respuestas**.

Ahora va a escuchar un ejemplo.

Mi compañera de trabajo, Ana, como es una gran deportista, juega al tenis todas las semanas con sus amigas.

La opción correcta es la letra **F.**

```
   A B C D E F G H I J K L
0.□ □ □ □ □ ■ □ □ □ □ □ □
```

0.	Compañera de trabajo	**F**
11.	Médico	
12.	Jefe	
13.	Profesora de alemán	
14.	Camarero	
15.	Ama de casa	
16.	Abogada	
17.	Taxista	
18.	Rey	

A	trabaja en una escuela
B	va al teatro
C	aprende inglés
D	compra en el Mercado
E	ve la tele
F	juega al tenis
G	escucha música
H	se levanta a las 7
I	conduce
J	estudia en la universidad
K	se acuesta pronto
L	viaja

⏳ **HORA DE FINALIZACIÓN** ___:___

COMPRENSIÓN AUDITIVA

⏳ **HORA DE INICIO** ___:___

Instrucciones

Usted va a escuchar a un hombre, Sergio, que habla del hotel en el que pasa algunos fines de semana con su familia. Va a escuchar la audición dos veces.

Usted tiene siete frases (de la 19 a la 25) que no están completas. Tiene que leer las frases y seleccionar una opción del cuadro (de la A a la I) para completar las frases, como en el ejemplo.

Tiene que marcar las opciones elegidas en la **Hoja de respuestas**.

Ahora tiene 30 segundos para leer las frases.

Hotel Casa Nueva

Ejemplo:

0. El hotel ____ **A** ____ Finca Casa Nueva.

```
   A  B  C  D  E  F  G  H  I
0. ■  □  □  □  □  □  □  □  □
```

19. El hotel Finca Casa Nueva está a _____ kilómetros de Valencia.

20. Este hotel es bueno para ir con la familia porque es muy _____ .

21. A Sergio, esta casa _____ mucho porque está en la naturaleza.

22. El hotel tiene siete _____ y una solamente para niños.

23. En el comedor, pueden reunirse para comer _____ personas.

24. Sergio suele ir de paseo en _____ a los pueblos cercanos.

25. Mientras Sergio hace turismo, sus hijos pueden _____ en las salas del hotel.

A	**se llama**
B	bicicleta
C	60
D	pequeño
E	habitaciones
F	jugar
G	70
H	18
I	naturaleza

⏳ **HORA DE FINALIZACIÓN** ___:___

EXPRESIÓN ESCRITA

Esta **prueba** tiene **2 tareas**.
La duración es de 25 minutos.

TAREA 1 Ejercicio 87

⏳ **HORA DE INICIO** ___:___

Instrucciones

Usted quiere tener la tarjeta de un centro comercial. Tiene que completar este formulario de registro del centro comercial Las Mozas.

CENTRO COMERCIAL LAS MOZAS
Formulario de registro

Por favor, complete este formulario con letra clara.

Nombre: ☐

Apellido(s): ☐

Fecha de nacimiento: ☐☐ / ☐☐ / ☐☐☐☐   ☐ Soy mayor de edad

Calle: ☐

N.º: ☐☐☐ Escalera: ☐☐ Piso: ☐☐ Puerta: ☐

Ciudad: ☐

Provincia: ☐

Código Postal: ☐

Teléfono Fijo: ☐

Móvil: ☐

Correo electrónico: ☐

¿En qué tiendas de nuestro centro comercial suele comprar? (5 a 10 palabras)
_____

¿Qué actividades de nuestro centro comercial le interesan? (10 a 15 palabras)
_____

¿Con qué frecuencia va de compras? _____ ¿Qué días de la semana y a qué horas

va a comprar normalmente? (5 a 10 palabras) _____

_____

Firma

Fecha: ☐☐ ☐☐ ☐☐☐☐

⏳ **HORA DE FINALIZACIÓN** ___:___

EXPRESIÓN ESCRITA

⏳ HORA DE INICIO ___:___

Instrucciones

Usted quiere viajar para pasar sus vacaciones en otro país. Escriba un correo electrónico a la agencia de viajes. En el correo tiene que:

– saludar;
– explicar con cuántas personas viaja, cuándo y dónde quiere viajar;
– hablar de dónde prefiere alojarse y qué medio de transporte desea utilizar;
– despedirse.

Número de palabras recomendadas: entre 30 y 40.

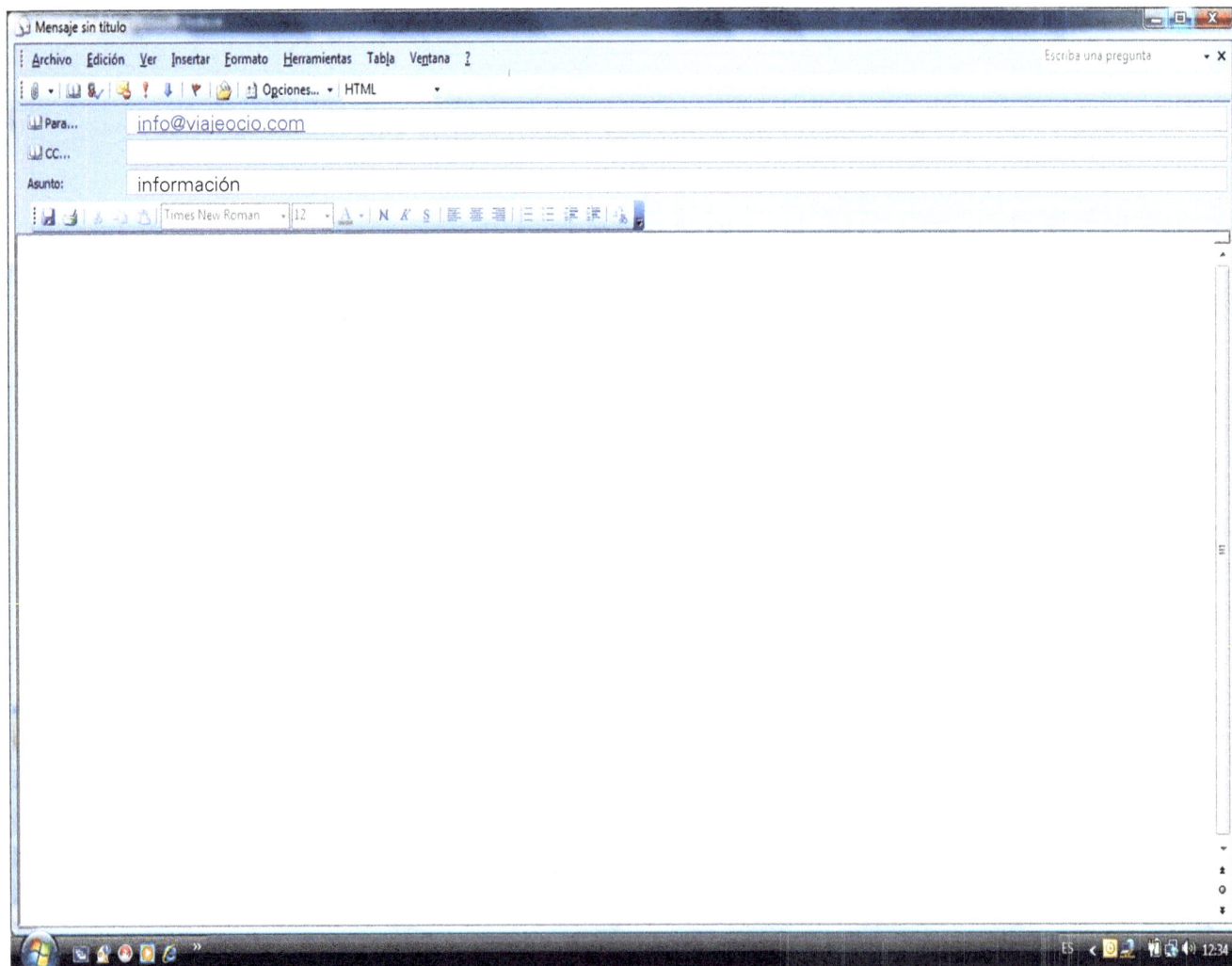

Mensaje sin título	

Archivo Edición Ver Insertar Formato Herramientas Tabla Ventana ?   Escriba una pregunta

Opciones... HTML

Para... info@viajeocio.com

CC...

Asunto: información

Times New Roman 12 N K S

⏳ HORA DE FINALIZACIÓN ___:___

EXPRESIÓN E INTERACCIÓN ORALES

TAREA 1 Ejercicio 89

PRESENTACIÓN PERSONAL DEL CANDIDATO

Instrucciones

Usted tiene que preparar su presentación personal para hablar **1 o 2 minutos** aproximadamente. Tiene que hablar sobre los siguientes aspectos:

```
        PERSONAJES FAMOSOS

CIUDADES                        MONEDA

           SU PAÍS

LENGUAS                         PRESIDENTE

           MONUMENTOS
```

EXPRESIÓN E INTERACCIÓN ORALES   TAREA 2 Ejercicio 90

EXPOSICIÓN DE UN TEMA

Instrucciones

Usted tiene que seleccionar **tres** de las cinco opciones para hablar durante **2 o 3 minutos** aproximadamente.

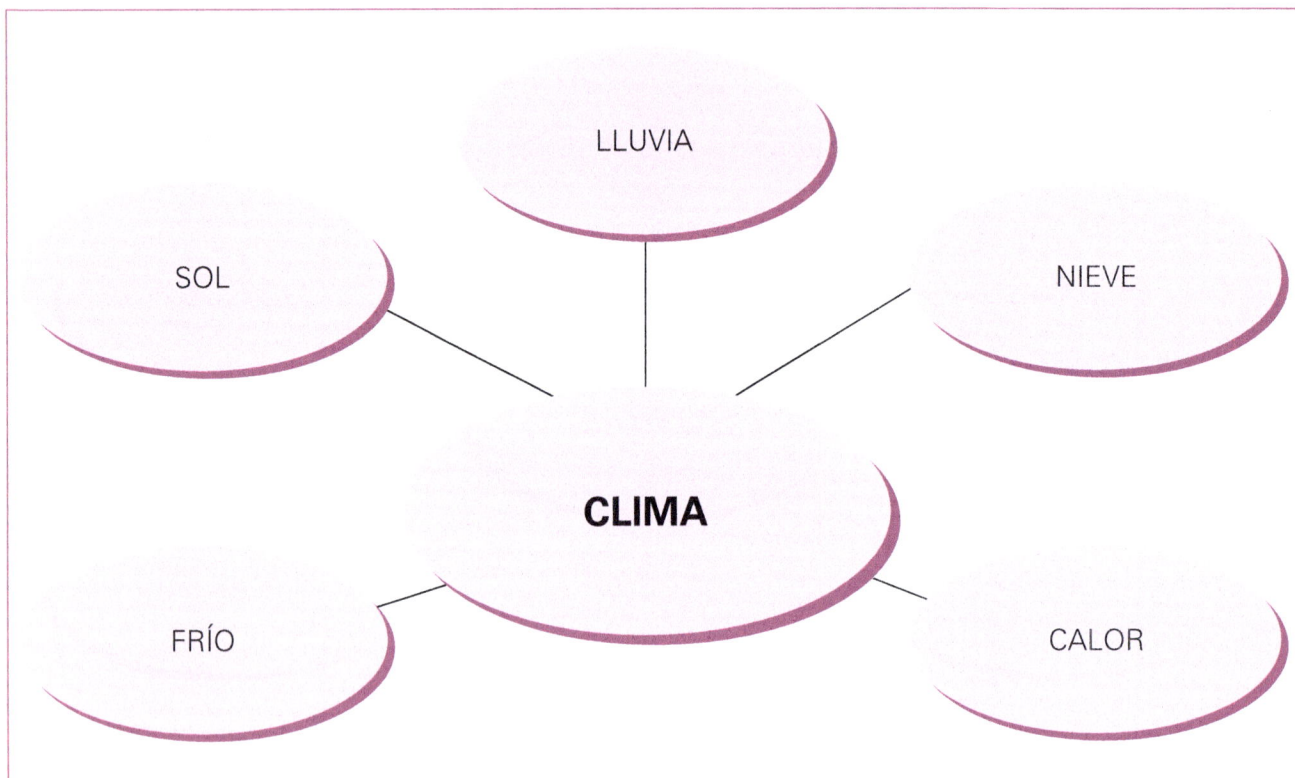

```
                          LLUVIA


        SOL                                    NIEVE



                          CLIMA


        FRÍO                                    CALOR
```

Instrucciones Tarea 3

* El entrevistador le va a hacer unas preguntas sobre el tema de la Tarea 2.
* Después, usted va a hacer dos preguntas al entrevistador sobre el tema de la Tarea 2.

> Puede hablar de:
> - ¿Qué clima le gusta más?
> - ¿Qué hace usted cuando hace frío?
> - ¿Qué le gusta del calor?
> - ¿Cuándo hay nieve en su país?
> - ¿Qué ropa utiliza cuando llueve?

EXPRESIÓN E INTERACCIÓN ORALES

TAREA 3 Ejercicio 91

CONVERSACIÓN CON EL ENTREVISTADOR

Instrucciones

El entrevistador le va a hacer unas preguntas sobre el tema de la Tarea 2. Luego usted tiene que hacer dos preguntas al entrevistador sobre el tema del que están hablando.